Immobilien
als Geldanlage

Susanne Kolls / Rudolf Marten

Immobilien
als Geldanlage

Geeignete Objekte – Intelligente Finanzierung

SÜDWEST

Hinweis:
Alle Empfehlungen und Rechenbeispiele in diesem Buch basieren auf den
Erkenntnissen zum Zeitpunkt des Redaktionsschlusses (30.11.93) und wurden
mit der größtmöglichen Sorgfalt zusammengestellt. Dabei wurde darauf geachtet,
daß die gewählten Beispiele allgemein übertragbar sind. Weil sich im Einzelfall
und durch Änderungen von Gesetzen und Vorschriften eventuell andere
Umstände ergeben können, ist jedoch eine Haftung von Verlag und/oder Autoren
für Vermögensschäden aus der Anwendung der hier erteilten Ratschläge ausge-
schlossen.

3. Auflage 1995

© 1994 by Südwest Verlag GmbH & Co. KG, München
Alle Rechte vorbehalten.

Redaktion: Ulrich Schefold
Umschlaggestaltung/Layout und Illustrationen: Christine Paxmann, München
DTP/Satz: Veit-Rost · Typographie, Ingolstadt
Druck und Bindung: Legoprint, Trento
Printed in Italy

Gedruckt auf chlor- und säurefreiem Papier

ISBN 3-517-01468-0

INHALT

• •

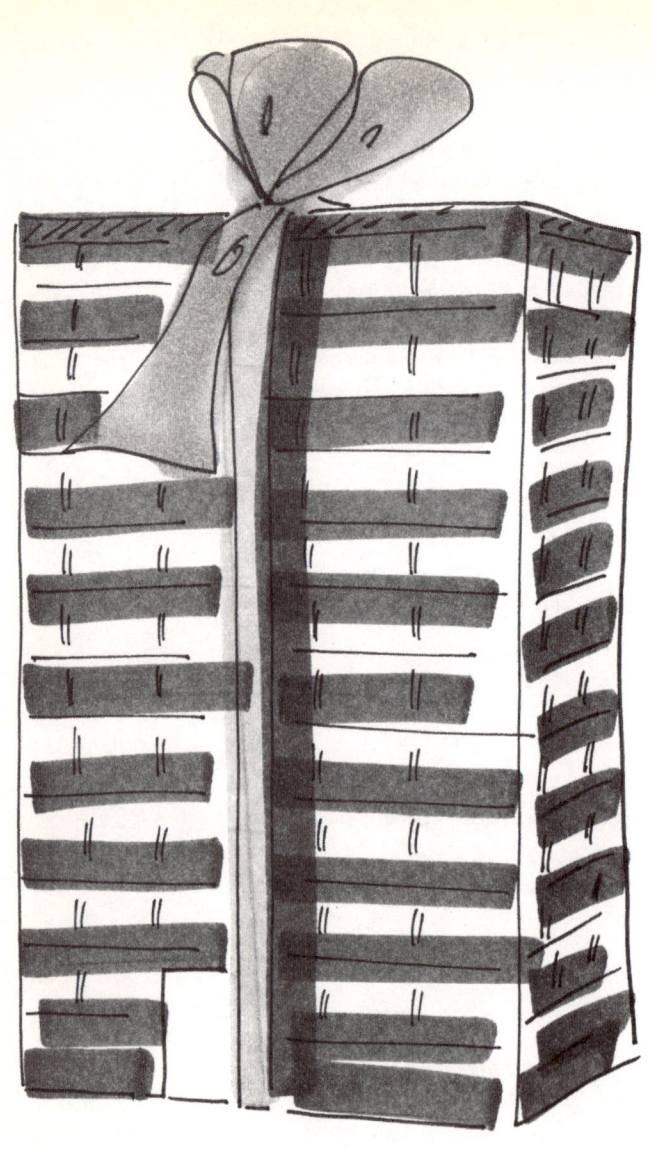

Vorwort

„Eine Immobilie können wir uns nicht leisten" – dieser Satz kostet Sie mindestens eine Million

Die einen träumen davon, auch mal mit Immobilien Geld zu verdienen. Für die anderen stehen Eigentumswohnung oder eigenes Haus ganz oben auf der Wunschliste. Und doch schieben die meisten solche Ideen immer wieder beiseite. Weil sie fürchten, als Normalverdiener doch keine Chance zu haben aus Angst vor hohen Schulden und jahrelangem Verzicht. *Haus oder Wohnung – das können wir uns ja doch nicht leisten*, lautet oft die resignierende Feststellung.

Falsch! Gerade für Normalverdiener nämlich ist eher das Gegenteil richtig. Niemand sollte sich den Luxus leisten, auf eine Immobilie zu verzichten.

Dafür gibt es drei gute Gründe:

* Immobilien waren und bleiben eine der sichersten und ertragreichsten Geldanlagen – durch Wertsteigerung und Mietersparnis bzw. Mieteinnahme schlagen sie fast alle anderen Spar- oder Anlagemöglichkeiten.
* Wer sein Leben lang zur Miete wohnt, verschenkt zwischen einer und über zwei Millionen Mark an den oder die Hausbesitzer, von denen er sich seinen Wohnraum ausleiht.
* Schulden, die man wegen eines Immobilienkaufs macht, sind für viele Normalverdiener die einzige Möglichkeit, spürbare Steuererstattungen zu kassieren – gerade wer nicht zu den Spitzenverdienern zählt, kann ein ganzes Jahresgehalt vom Staat geschenkt bekommen.

Lassen Sie sich deshalb in diesem Buch vorrechnen, welche Vorteile eine Eigentumswohnung oder das eigene Haus bieten und wie der beste Weg zur Immobilie aussieht – auch und erst recht, wenn Sie Normalverdiener sind. Denn die Annahme, Immobilienbesitz wäre ein Luxus für wenige, ist ein Irrtum. Und jeder Eigentümer, ob mit dem Reihenhaus in Bochum-Stahlhausen, der renovierten Reichsheimstätte in Heiligenhafen, der privatisierten Werkswohnung in Bitterfeld oder dem Wochen-end-Grundstück auf der Schwäbischen Alb, profitiert vom großen Immobilien-Boom.

Wie man das anstellt, was man für sein Geld bekommt, wo die Fallen lauern und wie man sich vor Schönrechnern oder gerissenen Geschäftemachern schützt, haben wir für Sie zusammengestellt. Ohne Beschönigungen und rosige Versprechungen – sondern auf der Basis realistischer Zahlen und vernünftiger Rechnungen. Ganz im Sinne der Worte, die wir für dieses Buch als Leitsatz gewählt haben – sie stammen von dem deutschen Literatur-Nobelpreisträger Thomas Mann:

Sei am Tage mit Lust bei den Geschäften, aber mache nur solche, daß du des Nachts ruhig schlafen kannst.

Susanne Kolls   Rudolf Marten

SPARDOSEN AUS STEIN, STAHL UND BETON: WARUM IMMOBILIEN DIE BESTE GELDANLAGE SIND

• •

Wenn es darum geht, Geld anzulegen, fallen jedem sofort mehrere Möglichkeiten ein: Sparbücher und Wertpapiere, Lebensversicherungen, Goldbarren oder Silbermünzen. Nur Immobilien werden komischerweise in diesem Zusammenhang nie genannt. Vielleicht, weil sie zu unpraktisch sind? Schließlich kann man all die eben genannten Anlagen in die Tasche stecken und mit sich herumtragen – aber versuchen Sie das mal mit einer Eigentumswohnung...

Spaß beiseite: Woran liegt es, daß nur die wenigsten Menschen beim Thema Geldanlagen an Immobilien denken? Vielleicht deshalb, weil in unseren Köpfen der Begriff Immobilie noch immer mit der ureigenen Bedeutung dieses Wortes verankert ist: Die Immobilie, das ist etwas fürs Leben, etwas, das man sich nur einmal und dann für die Ewigkeit anschafft, etwas, durch das man selbst immobil wird.

So haben wir es gelernt oder bei unseren Eltern und Großeltern erfahren. Und so könnten wir uns auch künftig verhalten – doch das wäre äußerst unklug. Um es mal mit den Worten des deutschen Managers Nils Goltermann zu sagen: *Wer heute immer nur das tut, was er gestern schon getan hat, wird auch morgen noch sein, was er heute schon ist* – und das bedeutet in unserem Fall, daß er den Immobilienboom auch künftig nur als Zuschauer miterlebt.

Wer genau wissen will, wie die Immobilie im Vergleich zu anderen Geldanlagen abschneidet, muß sich nur einmal die Wertentwicklung verschiedener Anlagen über einen mittleren Zeitraum anschauen. Wir haben dies für eine Zeitspanne von 13 Jahren getan, beginnend mit dem Jahr 1980:

GELDANLAGE IN GOLD

Wer sich 1980 das „Krisenmetall" in der Hoffnung kaufte, es werde immer seinen Wert behalten, womöglich noch dazugewinnen, der mußte fast die Hälfte seines eingesetzten Vermögens abschreiben. In unserer

Was wurde aus einer Geldanlage von 1000 Mark?

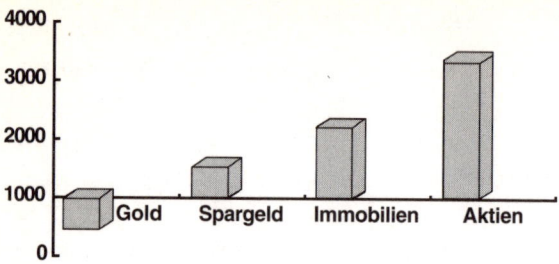

Die Grafik zeigt, was von 1980 bis 1993 aus 1.000 Mark wurde. Berücksichtigt wurden beim Sparbuch die Wiederanlage der Zinsen, bei Aktien der Dividenden sowie die Index-Entwicklung, bei Immobilien Wertsteigerung und Mieteinnahmen. (Quellen: RDM, Commerzbank)

Grafik wird dies dadurch besonders anschaulich, daß die Säule für das Gold unter den Einstiegswert von 1.000 Mark gefallen ist. Trotz einer kurzen, nur wenige Wochen dauernden Hochpreis-Phase im Jahr 1993 blieb der Goldpreis in dem Keller, in den er schon zu Beginn der 80er Jahre gerutscht war.

GELDANLAGE AUF DEM SPARBUCH

Das Sparbuch mit seinen mageren Zinsen kann eigentlich gar nicht als Geldanlage bezeichnet werden, auch wenn aus 1.000 Mark innerhalb unseres Vergleichszeitraumes 1.479 Mark geworden sind. Vergleichbar ist das Sparbuch eher mit einem Parkplatz fürs Geld. Und wie ein Auto, das auf einem Parkplatz abgestellt wird, ergeht es auch dem dort „angelegten" Geld. Es verliert ständig an Wert. Das Auto rostet, das Spargeld verliert durch die Inflation an Kaufkraft, weil die kargen Sparzinsen oft nicht einmal die Höhe der Inflationsrate übersteigen.

GELDANLAGE IN AKTIEN

Unser Schaubild zeigt zwar, daß in dem gewählten Vergleichszeitraum mit Aktien ein noch besseres Geschäft zu machen war als mit Immobilien. Im Vergleichszeitraum wurde aus den 1.000 Mark die stattliche Summe von 3.376 Mark. Aber dies stimmt nur in der Theorie. Denn bei Aktiengeschäften ist es normalerweise unüblich, die Firmenanteile für einen langen Zeitraum zu kaufen und einfach abzuwarten. Im Vordergrund steht das Spekulieren mit Kauf und Verkauf. Und jederzeit ist damit das Risiko verbunden, bei einem Börsenkrach wie 1987 von einem Tag zum anderen die Hälfte seines in Aktien angelegten Vermögens zu verlieren.

GELDANLAGE IN IMMOBILIEN

Für unseren Vergleich haben wir nur die Wertentwicklung und die Mieteinnahmen herangezogen, ohne Berücksichtigung von Zinsen aus einer Anlage der Mieteinnahmen. Und wir konnten einen ganz wichtigen Posten nicht hineinrechnen: die Steuervorteile. Denn dafür gibt es keinen Richtwert. Aber Sie sehen ja: Trotzdem schneiden Immobilien gut ab, denn aus den eingesetzten 1.000 Mark wurden 2.233 – und nie war mit der Anlage das Risiko verbunden, plötzlich die Hälfte seines Vermögens zu verlieren ...

WAS DIE ZUKUNFT BRINGT: DER IMMOBILIEN-BOOM HAT GERADE ERST ANGEFANGEN

Wenn wir unseriös sein wollten, könnten wir aus unserem Vergleich der Geldanlagen eine einfache Empfehlung ableiten: Immobilien sind, rechnet man noch die Steuervorteile hinzu, eine ebenso lohnende Sache wie das Spekulieren mit Aktien. Aber es wäre unredlich, Empfehlungen für die Zukunft nur aus den Erfahrungen der Vergangenheit abzuleiten. Denn bisher ist es noch niemandem gelungen, aus dem Kaffeesatz von gestern die Wassertemperatur von morgen zu erkennen. Deshalb wollen wir auch nicht lange über die künftige Entwicklung der bisher verglichenen Geldanlagen spekulieren.

Mag sein, daß die **Sparzinsen** von Banken und Sparkassen geringfügig angehoben werden – aber unterm Strich kommt auch dann nicht viel mehr heraus. Denn so viel Großzügigkeit, daß die seit Gründung der Bundesrepublik durchschnittliche jährliche Inflationsrate von 3,6 Prozent ausgeglichen wird, ist erst zu erwarten, wenn Weihnachten und Ostern auf einen Tag fallen.

Mag sein, daß sich der **Goldpreis** wieder erholt – aber eine solche Prognose ist ähnlich zuverlässig wie die Wettervorhersage für den 1. April des kommenden Jahres.

Mag sein, daß die **Aktienkurse** steigen – aber bisher sind noch bei jedem Börsenkrach die kleinen Anleger am meisten gebeutelt worden.

Nur bei den **Immobilien** ist alles anders. Denn Häuser schießen nicht über Nacht aus dem Boden, und eine wundersame Vermehrung von Grund und Boden ist ebenfalls nicht in Sicht. Bei aller Skepsis gegenüber jeder Art von Prognose läßt sich deshalb doch mit Sicherheit sagen:

Schlechte Zeiten für Mieter – gute Aussichten für Anleger.

Wer in den letzten beiden Jahren mal versucht hat, eine neue Wohnung zu finden, der konnte die Situation auf dem Immobilienmarkt am eigenen Leibe erfahren. In vielen Städten gibt es praktisch keine Angebote mehr zu Quadratmeterpreisen unter 15 Mark. Selbst um Wohnungen, bei denen für einen Quadratmeter mehr als 22,50 Mark verlangt werden, bewerben sich oft mehr als zehn Interessenten – für die Ware Wohnung gelten die gleichen Marktgesetze wie für den Handel mit Blumenkohl: Ist das Angebot knapp, steigen die Preise.

Und das Angebot wird knapp bleiben. Weil aber die Wohnungsnot auch ein Politikum ersten Ranges ist, läßt sich das wirkliche Ausmaß des Wohnraummangels kaum mit amtlichen Zahlen belegen. Sicher ist so viel: In den alten Bundesländern gab es zuletzt 1987 ein etwa ausgeglichenes Verhältnis zwischen der Zahl der Wohnungen und der Zahl der Haushalte. Doch die Zahl der Haushalte wächst schneller als die der neugebauten Wohnungen. Und so wurde schon für das Jahr 1993 im gesamten Bundesgebiet ein Fehlbestand von eineinhalb bis drei Millionen Wohnungen ausgemacht – je nachdem, von wem die Schätzungen stammten. Die Unsicherheit bei den Schätzungen resultiert aber nicht nur aus politischer Schönfärberei. Sie ist auch ein von der alten DDR übernommenes Erbe. Denn dort werden noch Wohnungen zum Bestand gezählt, die nach westlichen Maßstäben als abbruchreif gelten. Zuverlässige Schätzungen sind deshalb nur für den alten Teil der Republik möglich – und allein für den sagen Wirtschaftsinstitute und Verbände eine immer weiter auseinanderklaffende Schere zwischen den Zahlen der Haushalte und den der verfügbaren Wohnungen voraus. Bis 1996 sollen allein im Westen der Republik rechnerisch 1,5 Millionen Wohnungen fehlen – tatsächlich dürften es noch mehr sein. Denn leerstehende Zweit- und Ferienwohnungen verzerren das Bild.

An diesem Mangel können auch eine auf Hochtouren laufende Bauwirtschaft und die erwarteten Rekordzahlen bei Baugenehmigungen und Fertigstellungen kaum etwas ändern. Jedenfalls nicht innerhalb eines absehbaren Zeitraumes. Denn der Zuwachs an neuen Wohnungen ist bei allen Prognosen (ebenso wie in unserem Schaubild) bereits berücksichtigt.

Immer mehr Haushalte - nicht genug Wohnungen

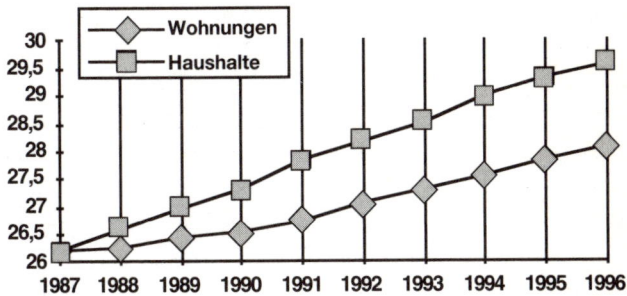

Zahlen in Millionen, bezogen nur auf die alten Bundesländer, Entwicklung ab 1993 geschätzt

700.000 neue Wohnungen müßten in jedem Jahr fertiggestellt werden, wollte man die Situation nur auf dem derzeitigen Stand einfrieren. Von einer Verbesserung ganz zu schweigen. Doch schon die Fertigstellung von 700.000 Wohnungen pro Jahr ist so wahrscheinlich wie ein Schneesturm in der Sahara. Denn bisher galten (in den alten Ländern) bereits 400.000 Wohnungen pro Jahr als Rekordmarke. In den letzten zehn Jahren wurden pro Jahr durchschnittlich sogar nur 250.000 neue Wohnungen bezugsfertig. Die Folge ist, daß es heute in der Bundesrepublik einen Wohnungsmangel gibt, der noch schlimmer ist als im zerstörten Nachkriegsdeutschland von 1949 und 1950. Traurige Aussichten also für Mieter – gute Chancen für Immobilienkäufer.

WIE JEDER VOM IMMOBILIEN-BOOM PROFITIEREN KANN: SCHON MIT 100 MARK SIND SIE DABEI

• •

Warum Sie Ihr Geld in Immobilien investieren sollten, haben wir Ihnen auf den vorherigen Seiten erläutert. Aber ob die Rechnung für Sie am Ende aufgeht, hängt auch davon ab, wie Sie in Immobilien investieren. Denn es macht zum Beispiel für einen Mieter kaum einen Sinn, sich eine vermietete Eigentumswohnung als Geldanlage zu kaufen. Viel eher lohnt es sich, zunächst einmal den Eigenbedarf zu decken. Und dabei sind dann wieder die persönlichen, familiären und wirtschaftlichen Verhältnisse zu berücksichtigen. Grundsätzlich gibt es drei Möglichkeiten, an der Wertsteigerung von Immobilien zu profitieren:

Anteile an einem Immobilienfonds kann man schon für unter 100 Mark kaufen. Empfehlenswert ist dies vor allem für sehr junge Leute – zum Beispiel zur Eigenkapitalbildung für einen späteren Immobilienkauf. Ausführlich beschäftigen wir uns mit dieser Anlageform ab Seite 179.

Die Eigentumswohnung oder das Einfamilienhaus für den Eigenbedarf ist die beste Geldanlage für alle, die heute noch zur Miete wohnen. Neben der Mietkostenersparnis lohnt sie sich vor allem wegen der hohen Steuervorteile. Deshalb auch haben wir allen damit zusammenhängenden Fragen den breitesten Raum in diesem Buch gewidmet.

Die vermietete Eigentumswohnung als Geldanlage ist vor allem dann empfehlenswert, wenn bereits selbstgenutztes Wohneigentum vorhanden und das Familieneinkommen so hoch ist, daß ein Steuersatz von 30 und mehr Prozent (bei Ledigen etwa ab 90.000 Mark, bei Verheirateten etwa ab 180.000 Mark) angelegt wird. Ausführlich beschäftigen wir uns damit ab Seite 98.

Für die meisten Leser dieses Buches dürfte zu diesem Zeitpunkt bereits feststehen, welche der drei Möglichkeiten für sie die interessanteste ist. Wer aber noch unentschlossen ist (oder wer seine bereits getroffene Entscheidung noch einmal bestätigt haben möchte), für den haben wir den folgenden Kurztest entwickelt.

CHECKLISTE: FONDS, SELBSTNUTZUNG ODER VERMIETETES OBJEKT – WELCHE IMMOBILIEN-ANLAGE PASST ZU IHNEN?

Markieren Sie bitte in der folgenden Checkliste innerhalb eines jeden Blocks die Aussage, die für Sie zutreffend ist. Die Blöcke 11 und 12 wenden sich nur an Mieter. Wenn Sie bereits über selbstgenutztes Wohneigentum verfügen, lassen Sie diese beiden Blöcke bitte unbeachtet. Anschließend addieren Sie, getrennt nach den Rubriken A, B und C, die jeweils hinter den von Ihnen angekreuzten Aussagen vergebenen Punkte.

Die Gesamtzahl aller von Ihnen unter A, B und C erhaltenen Punkte ist dann entscheidend für die Auswertung:

Aussage 1:	A	B	C
Familienstand: Sie sind alleinstehend	4	2	6
Sie sind verheiratet oder wollen innerhalb von zwei Jahren heiraten	2	6	4

Aussage 2:			
Sie sind unter 40 Jahre alt	2	6	2
... zwischen 40 und 60 Jahre alt	3	3	2
... über 60 Jahre alt	6	1	1

Aussage 3:			
Sie sind kinderlos	4	2	4
Sie haben Kinder oder wollen Kinder haben	2	6	4

Zwischensumme der Punkte:	A	B	C

(bitte addieren und hier eintragen)

Übertrag der bisherigen Punkte:	A	B	C
(bitte Zwischenergebnis hier übertragen)			

Aussage 4:

Ihr Familieneinkommen (brutto) liegt			
unter 3.000 DM monatlich	6	2	1
... zwischen 3.000 und 4.500 DM	3	4	2
... zwischen 4.500 und 6.500 DM	2	4	5
... über 6.500 DM	2	4	6

Aussage 5:

Ihre jetzige Wohnfläche liegt			
unter 20 Quadratmeter pro Person	2	6	0
... 20 bis 30 Quadratmeter	4	5	0
... über 30 Quadratmeter	6	2	6

Aussage 6:

Sie haben die steuerliche Förderung für selbst-genutzten Wohnraum nach § 7b (alt) oder § 10e (neu) bereits ausgenutzt	6	1	6
... noch nicht ausgenutzt	0	6	0

Aussage 7:

Sie verfügen über Eigenkapital	1	6	6
Es ist kein Eigenkapital vorhanden	6	3	2

Zwischensumme der Punkte:	A	B	C
(bitte addieren und hier eintragen)			

Übertrag der bisherigen Punkte:	A	B	C
(bitte Zwischenergebnis hier übertragen)			

Aussage 8:

Sie sparen jetzt monatlich			
weniger als 100 Mark	2	0	0
...zwischen 100 und 200 Mark	3	0	1
...zwischen 200 und 500 Mark	2	1	3
...über 500 Mark	1	1	6

Aussage 9:

	A	B	C
Sie haben keinen Bausparvertrag	6	0	0
Sie haben einen Bausparvertrag	0	6	6

Aussage 10:

Sie wohnen in einer Ihnen gehörenden			
Wohnung oder im eigenen Haus	6	0	6
Sie wohnen in einer Mietwohnung	2	6	0

Aussage 11 (nur ankreuzen, wenn Sie Mieter sind, sonst weglassen):

Die Kosten Ihrer monatlichen Miete liegen			
unter 15 % Ihres Nettoeinkommens	6	0	6
...zwischen 15 und 25 Prozent Ihres Nettoeinkommens	3	3	5
...zwischen 25 und 35 Prozent Ihres Nettoeinkommens	1	5	3
...über 35 Prozent	1	6	1

Zwischensumme der Punkte:	A	B	C
(bitte addieren und hier eintragen)			

Übertrag der bisherigen Punkte:	A	B	C
(bitte Zwischenergebnis hier übertragen)			

Aussage 12 (nur ankreuzen, wenn Sie Mieter sind, sonst weglassen):			
Ihr Mietvertrag ist unbefristet	4	0	0
... befristet	0	4	0

Gesamtsumme der Punkte:	A	B	C
(Bitte Übertrag und Ergebnisse der Blöcke 6 bis 12 addieren und hier eintragen)			

AUSWERTUNG:

Auch ein solcher Kurztest liefert schon Anhaltspunkte für Ihr persönliches Immobilien-Engagement. Wenn Sie **die meisten Punkte unter A** gesammelt haben, sollten Sie sich eingehender mit den Beteiligungsmöglichkeiten an Immobilienfonds befassen. Wenn Sie die **meisten Punkte unter B** gesammelt haben, sollten Sie sich vor allem für eine Eigentumswohnung oder ein Haus zur Selbstnutzung interessieren. Wenn Sie **die meisten Punkte unter C** gesammelt haben, kann der Erwerb einer Eigentumswohnung zur Vermietung sinnvoll sein. **Höchstpunktzahlen unter 40** lassen erkennen, daß es bei Ihnen noch keinen dringenden Handlungsbedarf gibt. Bei **Höchstpunktzahlen über 50** dagegen sollten Sie Ihre Entscheidung nicht auf die lange Bank schieben, denn Sie laufen Gefahr, Zeit und damit Geld zu verlieren. **Bei annähernd gleichen Punktzahlen** in zwei Rubriken können Sie sowohl aus der einen wie der anderen Möglichkeit Vorteile ziehen.

HAUS ODER WOHNUNG – ALT ODER NEU? DIE BLITZÜBERSICHT FÜR SELBSTNUTZER UND ANLEGER

Natürlich haben wir dieses Buch in der Hoffnung geschrieben, daß es von der ersten bis zur letzten Seite Leser finden möge. Und wenn Sie es jetzt Kapitel für Kapitel durchgehen, dann erfahren Sie im Hauptteil 1 zunächst alles über die verschiedenen Immobilien und anschließend im Hauptteil 2 alles über die Finanzierung. Das ist der logische Weg, den man auch in der Praxis einschlagen wird. Denn warum sich mit Finanzierungsfragen herumschlagen, wenn man noch nicht mal die Wahl zwischen Alt- und Neubau entschieden hat.

Weil es in diesem Buch aber vorrangig um Geld geht, wollen Sie aber vielleicht lieber dem Sprichwort „Zeit ist Geld" folgen und ganz schnell die für Sie wichtigsten Kapitel herausfinden. Bitte sehr: Dafür gibt es die folgende Schnellübersicht. Wenn Sie gerade die Checkliste ab Seite 18 ausgefüllt haben, können Sie sich gleich auf den dort vorgeschlagenen Weg machen und ihn mit den Hinweisen in den jeweiligen Kapiteln noch einmal überprüfen.

DER SCHNELLE WEG ZUR RICHTIGEN IMMOBILIE – UND DURCH DIESES BUCH

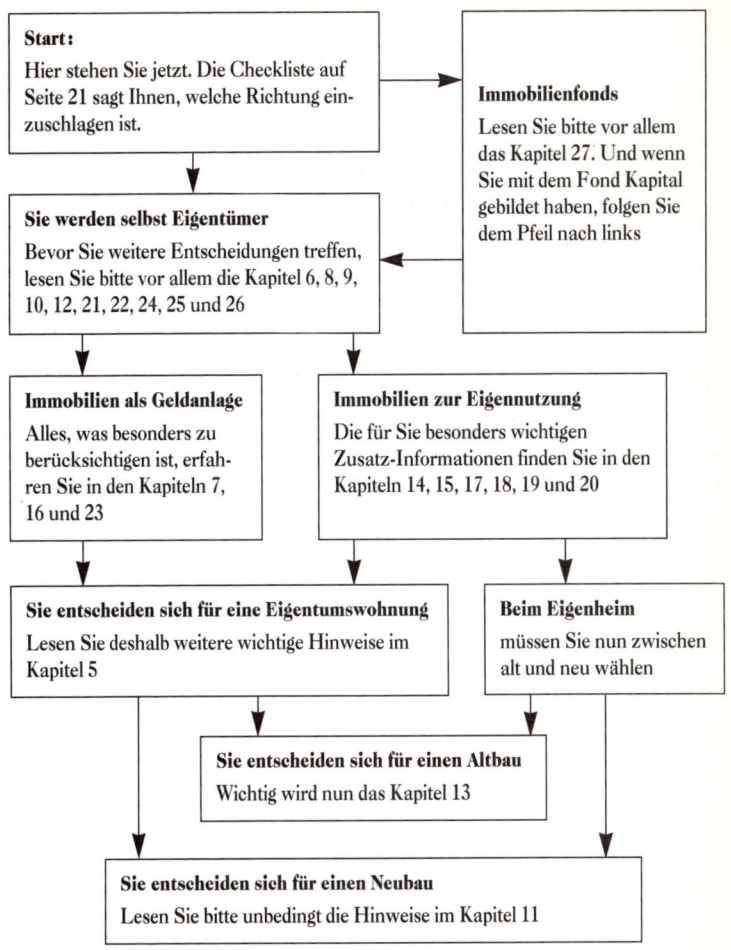

Start:

Hier stehen Sie jetzt. Die Checkliste auf Seite 21 sagt Ihnen, welche Richtung einzuschlagen ist.

Immobilienfonds

Lesen Sie bitte vor allem das Kapitel 27. Und wenn Sie mit dem Fond Kapital gebildet haben, folgen Sie dem Pfeil nach links

Sie werden selbst Eigentümer

Bevor Sie weitere Entscheidungen treffen, lesen Sie bitte vor allem die Kapitel 6, 8, 9, 10, 12, 21, 22, 24, 25 und 26

Immobilien als Geldanlage

Alles, was besonders zu berücksichtigen ist, erfahren Sie in den Kapiteln 7, 16 und 23

Immobilien zur Eigennutzung

Die für Sie besonders wichtigen Zusatz-Informationen finden Sie in den Kapiteln 14, 15, 17, 18, 19 und 20

Sie entscheiden sich für eine Eigentumswohnung

Lesen Sie deshalb weitere wichtige Hinweise im Kapitel 5

Beim Eigenheim

müssen Sie nun zwischen alt und neu wählen

Sie entscheiden sich für einen Altbau

Wichtig wird nun das Kapitel 13

Sie entscheiden sich für einen Neubau

Lesen Sie bitte unbedingt die Hinweise im Kapitel 11

Damit Sie bei der Blitzübersicht auch wirklich blitzschnell durchblicken, wollen wir Ihnen zu den aufgezeigten Wegen noch ein paar kurze Erläuterungen geben:

Beim Immobilienkauf zur Geldanlage können alle das Objekt betreffenden Fragen ausschließlich unter dem Gesichtspunkt der Finanzierung und der Steuervorteile gesehen werden. Deshalb kann kein Einfamilienhaus empfohlen werden – denn die Grundstückskosten sind für einen Anleger "totes Kapital" und helfen nicht beim Steuersparen. Außerdem ist der ständige Verwaltungsaufwand zu groß, bei einem Haus muß man sich immer um irgend etwas kümmern. Da kaufen Sie sich mit dem Haus auch gleich ein neues Hobby: nämlich den Hausmeisterjob. Also sollte Ihre Entscheidung auf eine Eigentumswohnung hinauslaufen. Unter finanziellen Gesichtspunkten stehen Aufwand und Ertrag in einem viel besseren Verhältnis als beim Haus. Und mit der laufenden Verwaltung haben Sie keine Arbeit, weil sich eine Firma darum kümmert. Nun ist noch zu berücksichtigen, daß kein Altbau mit den finanziellen Vorteilen einer neuen Wohnung konkurrieren kann. Deshalb sollten Sie sich in erster Linie für einen Neubau interessieren. Und da gelten für die Lage, die Objektauswahl, die Beurteilung des Bauträgers oder die Entscheidung für Ost- bzw. West-Immobilien die gleichen Regeln wie für alle, die selbst einziehen wollen.

Beim Immobilienkauf zur Eigennutzung steht ebenfalls die Frage nach dem verfügbaren Geld im Vordergrund. Denn eine Eigentumswohnung ist auch mit kleinerem Geldbeutel bezahlbar, die Hälfte aller Wohnungen werden zu Preisen unter 200.000 Mark verkauft. Und obwohl die Steuerersparnis bei Altbauten geringer ist, bieten sie für Familien mit niedrigem Einkommen (pauschal: unter 50.000 Mark brutto jährlich) einen großen Vorteil: Wer eine schlecht ausgestattete Wohnung erwirbt, bezahlt niedrige Kaufpreise und kann seine Immobilie Jahr für Jahr ein bißchen modernisieren und herausputzen – ganz nach den persönlichen finanziellen Möglichkeiten und zum Teil in Eigenarbeit. Außerdem machen sich die geringeren Steuervorteile bei niedrigen Einkommen kaum oder gar nicht bemerkbar. Die Neubauten von Eigentumswohnungen dagegen bieten für Durchschnitts- und Besserverdiener sehr gute

Möglichkeiten der Steuerersparnis. Und bei deutlich niedrigeren Anschaffungskosten bieten sie die gleiche Sicherheit wie ein Eigenheim. Denn fürs Einfamilienhaus, ob nun freistehend oder als Stadt- bzw. Reihenhaus gebaut, muß spürbar tiefer in die Tasche gegriffen werden: Jedes zweite Haus kostet zwischen 250.000 und 350.000 Mark, darunter gibt es praktisch keine Angebote (es sei denn, Sie sind Abbruchunternehmer), und nach oben sind keine Grenzen mehr gesetzt. Gegen einen Altbau sprechen die wegen der höheren Kosten deutlich niedrigeren Steuervorteile. Für einen Altbau spricht, daß sich selbst eine spottbillig erstandene Bruchbude im Laufe der Jahre mit viel Zeit, Eigenarbeit und einem ganz auf das Einkommen abzustimmenden Kapitalaufwand in einen kleinen Palast verwandeln läßt. Wer jedoch zwei linke Hände und/oder noch ein bißchen mehr Geld hat, für den ist der Neubau am interessantesten. Und viele Argumente sprechen für ein schlüsselfertiges Haus auf einem dazu angebotenen oder einem eigenen Grundstück. Denn statt mit Architekt und vielen verschiedenen Handwerkern hat man es nur mit dem Bauträger oder Generalunternehmer zu tun, alle Details der Ausstattung und Bauausführung werden vorher vertraglich geregelt, die Kosten (auch der Finanzierung) sind genau zu kalkulieren – und oft gibt es die Möglichkeit, sich vorher schon mal ein identisches Musterhaus anzuschauen. Man kauft also nicht die sprichwörtliche Katze im Sack, muß sich aber mit einem Typenhaus von der Stange zufriedengeben. Im Gegensatz dazu gibt es nur noch die Möglichkeit, sich sein Eigenheim wie einen Maßanzug anpassen zu lassen: als Architektenhaus. Gründe dafür wären, wenn Spitzenverdiener wirklich individuelle Wünsche berücksichtigt haben möchten. Durchschnittsverdiener aber werden sich dafür nur zu entscheiden haben, wenn besondere Grundstücksverhältnisse oder persönliche Umstände (etwa bei Allergikern oder Behinderten) individuelle Lösungen erfordern.

Hauptteil 1 – die Objekte: Hier erfahren Sie alles über die verschiedenen Immobilien

Besonderheiten beim Kauf von Eigentumswohnungen: Der Herr im Haus sind Sie nur auf der Etage

Wenn Sie sich noch mal unser Schaubild auf Seite 23 ansehen, wird es auch optisch deutlich: Eigentumswohnungen spielen eine zentrale Rolle auf dem Immobilienmarkt. Sie sind für Eigennutzer und Anleger gleichermaßen von Interesse. Denn sie sind bei Anschaffungskosten und Unterhalt immer ein wenig preiswerter als ein absolut vergleichbar ausgestattetes Eigenheim in gleich guter Lage, bieten aber dieselben Sicherheiten: Wer als Eigentümer in seiner Wohnung lebt, ist unkündbar, das Eigentum ist im Grundbuch eingetragen, kann beliehen, vererbt oder verkauft werden. Aber trotzdem gibt es einige Besonderheiten, die beachtet werden sollten – schon vor der Unterschrift eines Kaufvertrages.

Denn nicht nur den sollten Sie sich vorher anschauen, sondern außerdem die **Teilungserklärung** und die **Gemeinschaftsordnung**, manchmal auch als Miteigentumsordnung bezeichnet.

Da tauchen einige Begriffe auf, die man mal gehört haben sollte – am wichtigsten ist:

- das Wohnungseigentum: Darunter versteht man vor allem die Wohnung des jeweiligen Besitzers und alle ihre Nebenräume, die auch bezeichnet werden als
- das Sondereigentum: Das sind z. B. Keller- oder Bodenräume oder Garagen bzw. Abstellplätze. Zum Sondereigentum gehören aber auch (im Gegensatz etwa zur Haus- oder Kellertür) alle Zimmer-, Wohnungseingangs- oder Balkon- und Terrassentüren, Fußbodenbeläge und Sanitärobjekte sowie alle innerhalb der Wohnung verleg-

ten Leitungen und Rohre – soweit sie nur der Versorgung dieser Wohnung dienen. Außerdem die nichttragenden Wände – aber nur die, denn alle anderen umfaßt bereits

- das gemeinschaftliche Eigentum: Eine tragende Wand kann schließlich nicht einem allein gehören. Wenn's so wäre, könnte er sie nämlich jederzeit wegnehmen ... Deshalb zählen auch Grund und Boden, die Fundamente, die Geschoßdecken oder das Dach zum gemeinschaftlichen Eigentum, ebenso alle Hauptleitungen und Versorgungseinrichtungen, Wege und Treppen außerhalb des Wohneigentums. Und schließlich gibt es da noch

- das Sondernutzungsrecht: Damit wird bestimmt, daß ein Wohnungseigentümer das alleinige Nutzungsrecht von genau abgegrenzten Flächen des gemeinschaftlichen Eigentums zugesprochen bekommt, etwa vom Garten, von Balkonen und Terrassen.

Damit es nicht später zum Streit kommt, wird in der Gemeinschaftsordnung meist festgelegt, wer die Farbe der Anstriche von Balkon- oder Wohnungstüren und Fenstern zu bestimmen hat. Wichtiger aber ist noch, was dort gesagt wird über

- die Nutzung des Sondereigentums. Denn auch wenn Ihre Wohnung Ihnen allein gehört, kann trotzdem festgelegt sein, daß die Räume nur zu Wohnzwecken bestimmt sind. Selbst wenn's behördlich erlaubt ist – ein Büro dürften Sie dort nicht einrichten (Vermietung zu Wohnzwecken ist keine gewerbliche Nutzung). Auch

- die Kostenverteilung ist in der Gemeinschaftsordnung geregelt, also wer welche Anteile von welchen Versicherungsprämien, öffentlichen Abgaben, Heizkostenvorauszahlungen usw. wann wohin zu zahlen hat, ebenso

- das Stimmrecht und die Stimmanteile des einzelnen in der Wohnungseigentümerversammlung. Das ist wichtig, weil manchmal bei Abwesenheit diese Rechte nur eingeschränkt zu übertragen sind (z. B. nur auf den Verwalter oder einen anderen Eigentümer, nicht aber auf einen persönlichen Vertrauten.

Es macht also Sinn, vorher in all die genannten Unterlagen hineinzuschauen. Denn was dort steht, auch an nebensächlich erscheinenden

Einschränkungen (keine Markisen über den Balkonen, keine Rolläden vor einzelnen Fenstern), kann nur nach Zustimmung aller Eigentümer und Eintragung ins Grundbuch geändert werden. Zum ernsthaften Problem können Auflagen in der Gemeinschaftsordnung sein, die den Verkauf einer Wohnung betreffen. Etwa, wenn erst der Verwalter zustimmen muß oder Vorkaufsrechte damit verbunden sind. Auch die Hausordnung sollte man sich vorher einmal anschauen. Dafür, daß sie eingehalten wird, ist der Verwalter zuständig.

Bei Altbauten entscheiden auch die Ohren mit

Natürlich werden Sie sich eine Eigentumswohnung erst anschauen, bevor Sie den Kaufvertrag unterschreiben. Aber ein schneller Besuch genügt nicht. Fahren Sie zwei- oder dreimal hin, zu unterschiedlichen Tageszeiten. Und schauen Sie sich nicht nur alles in Ruhe an, sondern sprechen Sie auch mit Ihren künftigen Nachbarn oder Miteigentümern. Gibt es womöglich Streit zwischen den Parteien oder mit der Verwaltungsfirma? Ist das Gebäude wirklich überall in einem guten baulichen Zustand? Bestimmt kennt irgendein Bewohner die Adresse eines dort gelegentlich arbeitenden, freundlichen Handwerksmeisters. Fragen Sie den mal, was er von der Anlage hält – und wo er demnächst (auch für andere als seine eigenen Bereiche) Reparatur- oder Sanierungsbedarf sieht. Die dann entstehenden Kosten müssen alle Eigentümer anteilig tragen. Und z. B. bei der Sanierung des Daches einer unter dem Rasen vergrabenen Tiefgarage können es Zigtausende von Mark sein. Zwar zahlt jeder Eigentümer jeden Monat ein paar Mark für die Instandhaltungsrücklage. Aber Sie sollten prüfen, wieviel da eigentlich auf dem (allen Eigentümern gehörenden) Konto liegt.

Bei Neubauten wird immer mit Tricks gearbeitet

Oft beginnt die Augenwischerei schon auf dem Bauschild oder in der Immobilienanzeige der Tageszeitung: „Ohne Maklercourtage” wird in großen Lettern versprochen. Aber das stimmt meistens nur, wenn große

Bauträger dahinterstecken und deren eigene Verkaufsabteilung den Vertrieb übernimmt. Meistens ist das Versprechen ein fauler Zauber – denn der Makler wird über eine sogenannte Innenprovision vom Bauträger bezahlt. Und der holt sich das Geld über einen höheren Preis vom Käufer zurück. Schon deshalb sollten Sie sich immer den Quadratmeterpreis (Gesamtkaufpreis ohne Pkw-Stellplatz geteilt durch reine Wohnfläche) ausrechnen. Vergleichen Sie ihn mit Neubauten in der gleichen Lage und mit ähnlicher Ausstattung.

Mißtrauen Sie in den Verkaufsangeboten jeder Beispielrechnung für die Steuervorteile. Bei den von uns geprüften Objekten hat noch nicht mal ein Viertel der Rechnungen gestimmt – und selbst die wahren Angaben gingen meist von Steuersätzen aus, die allenfalls Spitzenverdiener zahlen. Die kaufen aber keine Eineinhalbzimmerwohnung zum Selbstbezug. Also auch da fauler Zauber.

Ebenso sind die Finanzierungsbeispiele häufig schöngerechnet, meistens mit Hilfe der falschen Steuervorteile. Die Monatsbelastung, auf die man da kommt, ergibt beim Nachrechnen manchmal so abenteuerlich niedrige Kreditkonditionen, daß jeder Bankdirektor von seiner Gesellschaft deshalb sofort fristlos rausgeschmissen würde. Lassen Sie Ihren Steuerberater und Ihr Geldinstitut mal einen Blick darauf werfen.

Wenn Bauträger oder Verkäufer auch gleich eine Finanzierungsvermittlung anbieten: Vorsicht. In der Branche tut man selten etwas aus Nächstenliebe, sondern eher, um zweimal zu verdienen. Es mag bequem sein, wenn der andere alles erledigt. Aber diese Bequemlichkeit wird meistens teurer als das mühsame Besorgen unterschiedlicher Finanzierungsangebote (dazu kommen wir später noch). Prüfen sollte man auch, wie seriös ein Bauträger ist. Wie das geht, haben wir in einem Extrakapitel zusammengestellt.

Investoren müssen außerdem die Angaben des Verkäufers über die zu erzielenden Mieteinnahmen prüfen. Auch da wird nicht selten schöngefärbt. Weil die Mieten stimmen müssen und wichtiger sind als die Steuerersparnis (manche schielen nur darauf), sollten Vergleiche mit Quadratmeter-Mietpreisen in der nächsten Umgebung herangezogen werden. Ein Anruf bei einem Wohnungsmakler (den Sie später vielleicht sowieso brauchen) oder ein Blick in die Wohnungsanzeigen der örtlichen Tageszeitung läßt Täuschungen auffliegen.

Gern wird versucht, Investoren mit den Argumenten der größeren Steuerersparnis und der höheren Mieteinnahme eine bestimmte Wohnungsgröße unterzujubeln. Besser ist es aber immer, sich kleine Einheiten (z. B. mit eineinhalb oder zwei Zimmern) zuzulegen – lieber zwei davon als eine große. Der Preis (Berechnung auf Quadratmeterbasis) bleibt der gleiche. Aber die Entwicklung auf dem Wohnungsmarkt läßt erkennen, daß die Zahl der Einpersonen-Haushalte stärker zunimmt als der mit mehreren Personen. Die Vermietbarkeit ist besser. Und falls doch mal unvorhergesehene Ereignisse eintreffen, könnte man von zwei kleinen Wohnungen eine verkaufen – aber versuchen Sie mal, eine große zimmerweise loszuwerden...

IMMOBILIEN IN DEN ÖSTLICHEN BUNDESLÄNDERN: NUR EIGENNUTZER SCHNEIDEN GARANTIERT GUT AB

. . . .

Wenn Sie sich für Anlageobjekte interessieren, werden Sie bestimmt in unserem Kapitel über die Eigentumswohnungen etwas vermißt haben: die Immobilien im Osten. Denn da gibt es schließlich die tollsten Angebote – wenn man Zeitungsanzeigen, Zeitschriftenbeilagen und Verkaufsprospekten glauben will. Aber auch nur dann ...

Lassen Sie uns noch mal auf eine unserer unübertrefflichen Feststellungen zurückkommen, über die Sie wahrscheinlich schon gleich am Anfang dieses Buches den Kopf geschüttelt haben: Prognosen sind immer schwierig, vor allem, wenn sie in die Zukunft gehen. Genauso – pardon – hirnrissig wie diese Aussage (ja, auch wenn es die schwierigste Sportart ist, können wir uns noch selbst auf den Arm nehmen) sind viele Angebote in den neuen Bundesländern. Zumindest die für Anleger. Aber bevor wir gleich alles so richtig madig machen und die Schattenseiten des Immobiliengeschäfts beleuchten, wollen wir doch den Blick auf die Sonnenseite richten. Denn auch die gibt es.

Für Selbstnutzer ist vor allem eine Regelung interessant, die manchen zum Sprung über die Grenze seines Bundeslandes veranlassen könnte, sei es nun von Schleswig-Holstein nach Mecklenburg-Vorpommern oder von Bayern nach Thüringen oder Sachsen: Wenn nicht unseren Politikern kurzfristig wieder etwa anderes einfällt oder die EG wegen der ihrer Ansicht nach unerlaubten Subventionen eingreift, kann nämlich jeder, der im Westen bereits die Steuervorteile nach § 10 e des Einkommensteuergesetzes ausgenutzt hat, in den neuen Bundesländern noch einmal in den vollen Genuß der steuerlichen Förderung für selbstgenutztes Wohneigentum kommen (Einzelheiten ab Seite 77). Voraussetzung: Man muß wirklich in einem der fünf neuen Länder wohnen oder dorthin umziehen – und dort seinen alleinigen Wohnsitz nachweisen können bzw. sich bei mehreren Wohnsitzen überwiegend im Osten aufhalten.

Außerdem können für Modernisierungs- und Erhaltungsmaßnahmen zehn Jahre lang jährlich jeweils bis zu 4.000 Mark als Sonderausgaben vom zu versteuernden Einkommen abgezogen werden. Je nach Steuersatz bekommt man vom Staat also bis zur Hälfte der Kosten als Steuererstattung zurück. Weitere Hilfen der Länder (Einzelheiten über Extra-Zuschüsse vom Staat im Kapitel ab Seite 138) gibt es beim Kauf bisher schon gemieteter Wohnungen. Und dazu werden auch noch Sonderprogramme – manchmal nur für einzelne Objekte – auf Stadt- oder Kreis- bzw. Bezirksebene angeboten.

Für Geldanleger, die nur ein Objekt zur Vermietung kaufen wollen, sieht die Wirklichkeit im Osten anders aus. Wir raten allen Investoren, den Osten (das ist keine Ironie) als rotes Gebiet anzusehen – beleuchtet vom Schein der Warnlampen. Denn das, was manche Bauträger und Verkäufer da als Gewinn versprechen, kann niemals eintreten. Im Klartext: Tatsächlich sind die Steuervorteile für Neubau-Investoren (Einzelheiten ab Seite 98) beträchtlich. Die Quadratmeterpreise sind aber zum Teil so hoch, daß böse Erinnerungen geweckt werden: Auch Anfang der 80er Jahre, als Besserverdienende im Westen mit dubiosen Bauherrenmodellen abgezockt und hereingelegt wurden, hatte man die Steuerersparnis gleich auf die Baupreise draufgeschlagen. Wir haben eine Reihe von Objekten geprüft und sind zu denselben Ergebnissen gekommen wie die von der *Stiftung Warentest* herausgegebene Zeitschrift *Finanztest*: Überteuert, schöngerechnet, nicht seriös. „Nur absolute Spitzenverdiener machen ihren Schnitt", warnen die Verbraucherschützer. Und selbst diese Schlußfolgerung muß noch angezweifelt werden. Denn in den Renditeberechnungen sind oft Wert- und Mietsteigerungen enthalten, die absolut unrealistisch sind. Während z. B. auch das seriöse Wirtschaftsmagazin *Capital* in seinen Beispielen mit nur drei Prozent jährlicher Mietsteigerung im Osten rechnet und von einem Fünfjahreszeitraum ohne Wertsteigerung ausgeht, versprechen manche Verkäufer eine jährliche Mietsteigerung von vier bis fünf und eine Wertsteigerung schon ab dem ersten Jahr von fünf bis zehn Prozent. Da ist jeder weitere Kommentar überflüssig…

Nach seriösen Schätzungen verschiedener Experten werden zwar in Potsdam, Leipzig, Magdeburg, Dresden und Halle Miet- und Wertsteigerungen erwartet, die weit über dem Durchschnitt im Westen liegen. Aber erstens haben die Verkäufer das meist schon in ihre überteuerten Quadratmeterpreise hineingerechnet. Und zweitens sind Prognosen... – aber den Spruch haben wir nun oft genug gebracht. Wer unbedingt im Osten investieren will, sollte deshalb unseren Beispielen (ab Seite 105) folgen und trotz besserer Abschreibungsmöglichkeiten nur eine Rendite wie im Westen erwarten. Wenn die Rechnung dann trotzdem noch aufgeht, könnte man sich darauf einlassen – wenn sie aufgeht...

Rechtsrat für Anleger:
Wie Gerichte bei Eigenbedarf und
Mieterhöhungen entscheiden

Schon bei den Angeboten in den Tageszeitungs-Anzeigen teilt sich der Markt für gebrauchte Eigentumswohnungen in zwei Bereiche: den für Eigennutzer und den für Anleger. Nun könnte man sich fragen, warum eigentlich diese Entscheidung schon vorweggenommen und nicht den neuen Eigentümern überlassen wird. Doch in Wirklichkeit sind die Begriffe „Eigennutzer" und „Anleger" nur verschlüsselte Codewörter – für *unbewohnt* und für *vermietet*.

Denn erst recht nach der 1993 zementierten Wende in der laufenden Rechtsprechung ist es dem neuen Eigentümer praktisch nicht mehr möglich, einen Mieter, der quasi zusammen mit der Wohnung verkauft wird, zum Auszug zu zwingen. Wurde man früher mit der – auch vorgeschobenen – Begründung „Eigenbedarf" noch fast jeden Mieter innerhalb von längstens drei Jahren los, so läßt sich dieser Hebel heute nicht mehr ansetzen.

Alle Gerichtsentscheidungen, auf die man sich früher beim Eigenbedarf berufen konnte, sind seit 1993 praktisch überholt. Denn die früheren Entscheidungen von Bundesgerichtshof (Aktenzeichen VII AZR 4/87) und Bundesverfassungsgericht (1 BVR 308/88), wonach Eigenbedarf nicht automatisch ein Kündigungsgrund ist, wurden noch aufgewertet. Jetzt heißt es, daß die Wohnung für den Mieter als Lebensmittelpunkt genauso zu schützen sei wie der Anspruch des Vermieters auf Eigennutzung. Außerdem wurde fast zeitgleich das Vierte Mietrechtsänderungsgesetz beschlossen. Seitdem haben Mieter ein gesetzliches Vorkaufsrecht für die Wohnung – und die bisherigen Besitzer das Nachsehen: Für eine vermietete Wohnung, deren Mieter einen unbefristeten Mietvertrag unterschrieben haben, liegt der Verkaufserlös heute um ein Viertel unter dem für dieselbe freie Wohnung.

Anleger können eine vermietete Wohnung kaum wirtschaftlich nutzen. Denn bei Neuvermietungen ließen sich in den letzten Jahren von einem

Monat zum anderen Mietsteigerungen von 15 bis 20 Prozent durchsetzen. Ohne Neuvermietung aber war die Anhebung der Miete auch früher schon schwierig. Und das neue Mietrechtsänderungsgesetz hat die Anhebungen weiter begrenzt: Für vor 1981 gebaute Wohnungen, deren Kaltmiete 1993 mehr als acht Mark pro Quadratmeter betrug, darf der Mietpreis innerhalb von drei Jahren nur noch um maximal 20 gegenüber früher 30 Prozent steigen.

Aber auch bei Neuvermietung sollte man sich nicht dazu hinreißen lassen, eine eventuell zu erzielende Wuchermiete zu verlangen. Unter Umständen kann der Mieter die vertraglich vereinbarte Zahlung nämlich anschließend mit gerichtlicher Hilfe kürzen lassen. Das Landgericht Hamburg zum Beispiel hat in einem solchen Fall die ursprünglich vereinbarte Miete von 18 Mark pro Quadratmeter nachträglich um fast fünf Mark gesenkt – auf das Niveau des örtlichen Mietenspiegels (Aktenzeichen 37 C 234/92).

Trotzdem sind Neuvermietungen der einzige Weg, größere Mietsteigerungen herauszuholen. Üblicherweise wurde deshalb bei Verkäufen oft mit Ablösezahlungen gearbeitet: Drei bis fünf Monatsmieten konnte ein Mieter kassieren, der ganz schnell auszuziehen bereit war. Heute liegen die Summen fast immer im fünfstelligen Bereich – eine Jahresmiete ist überhaupt keine Seltenheit. Berücksichtigt man dann noch die schlechte steuerliche Absetzbarkeit von alten Mietwohnungen, so sollte der Anleger um vermietete Objekte einen weiten Bogen machen – einen ganz weiten.

All diese Umstände muß aber auch berücksichtigen, wer eine Neubauwohnung kauft und vermietet. Wenn die Wohnung später wieder abgestoßen werden soll, sitzt man selbst auf einer kaum verkäuflichen Immobilie. Als Auswege gelten Verträge mit vorherbestimmten Mietsteigerungen, also Staffelmieten und befristete Mietverträge – aber auch die nur unter bestimmten Voraussetzungen. Wegen der neuen Rechtslage gibt es hierzu noch zu wenig verläßliche Gerichtsentscheidungen.

Als sicher kann aber angesehen werden, daß eine Befristung des Vertrages bei möbliert vermieteten Wohnungen durchsetzbar ist. Auch wenn die Befristung mit Hinweis auf dann vorgesehene Umbauten (Wegnahme von Wänden, größere Arbeiten) im Mietvertrag begründet und anschließend eine Eigennutzung geplant ist, wird es funktionieren. Aber das bedeutet schon beim Abschluß des neuen Mietvertrages eine weite Voraussicht. Als Zwischenlösung (bis wir für eine nächste Auflage dieses Buches wieder verläßliche Urteile angeben mögen) bietet sich an, vor dem Abschluß des Mietvertrages beim örtlichen Haus- und Grundbesitzervereins nachzufragen.

DARAUF MUSS JEDER IMMOBILIENKÄUFER ACHTEN:
DIE RICHTIGE LAGE BESTIMMT DEN WERTZUWACHS

Am Anfang dieses Buches hatten wir es schon einmal vorgerechnet: Wie gut sich eine Immobilie als Wertanlage eignet, hängt vor allem von zwei Faktoren ab: einerseits von der (bei Selbstbezug) gesparten Miete bzw. der (bei Anlageobjekten) Mieteinnahme sowie andererseits von der Wertsteigerung. Obwohl nun der Wertzuwachs in den letzten Jahren zum Teil zweistellige Prozentsätze innerhalb von zwölf Monaten erreichte, galt dies nie für alle Wohnungen. Unter den bundesdurchschnittlichen Zuwachsraten liegen jetzt vor allem solche Immobilien, die in der falschen Gegend liegen. Wobei als falsche Gegend kurioserweise die jeweils begehrtesten Viertel eines Ortes anzusehen sind.

Meistens sind es nämlich gerade die besten oder guten Wohngegenden der jeweiligen Städte, in denen der Wertzuwachs am niedrigsten liegt. Doch solche Rätsel sind schnell aufgeklärt: Während die guten bzw. bevorzugten Wohngegenden auch in flauen Immobilienzeiten immer gefragt waren und einen kontinuierlichen Wertzuwachs garantierten, sind jetzt die bisher vernachlässigten, meist eher gutbürgerlichen Gegenden dran. Die Preise dort steigen prozentual viel schneller als in den bisher bevorzugten Wohngebieten.

Nehmen wir als Beispiel die Bundeshauptstadt Berlin. Während die Eigentumswohnungen im noblen Stadtteil Charlottenburg, oft in idealer Lage zwischen Grunewald, Charlottenburger Schloß und Kurfürstendamm, pro Quadratmeter zwischen 5.000 und 6.000 Mark kosteten, dümpelten die Preise in Tempelhof, Marienfelde oder auch den besseren Gegenden von Kreuzberg noch müde zwischen knapp über 3.000 und gut 4.000 Mark vor sich hin. Denn diese Viertel – Arbeiterbezirke bzw. bürgerliche Stadtteile – galten schon vor der Maueröffnung auf dem Immobilienmarkt als zweite Wahl. Doch während jetzt auch in Berlin die Bereitschaft der Käufer spürbar nachgelassen hat, in Charlottenburg mehr als 6.000 Mark für den Quadratmeter zu bezahlen, blühen die vorher vergessenen Bezirke auf. Und schon bald, so schätzen Marktkenner, werden auch in den genannte Stadtteilen die Preise bis zur 5000-Mark-Ebene aufschließen. In den besseren Wohnlagen könnte der Zuwachs durchaus auf dem Niveau der Inflationsrate herumschaukeln, während in den aufblühenden Bezirken etwas weiter vom Zentrum entfernt noch mit zweistelligen Wertgewinnen zu rechnen ist.

Nun ist Berlin zwar nicht unbedingt das beste Beispiel. Denn Wiedervereinigungs-Zauber, Olympia-Wahn und Hauptstadt-Gigantomanie haben zu Preistreibereien und Marktverschiebungen geführt, die sich erst wieder korrigieren müssen. Aber das Beispiel mit den Berliner Nobelvierteln und den „vergessenen" Arbeiter- bzw. bürgerlichen Bezirken ist auf alle anderen deutschen Städte übertragbar. Das Aufholtempo der Preise in den einst zweitklassigen Bezirken wie Hamburg-Bramfeld, Hannover-Linden, Nürnberg-Langwasser oder Stuttgart-Leinfelden wird viel größer sein als der Zugewinn in den jeweiligen Luxusgegenden.

Nun sollte allerdings nicht nur die Wertsteigerung ausschlaggebend für die Wahl der Lage sein. Wer die Immobilie selbst nutzen will, hat es da noch recht einfach. Da müssen zunächst einmal die persönlichen Vorstellungen erfüllt werden. Bei Anlageobjekten dagegen sind es immer die Anbindung an öffentliche Verkehrsmittel, Fragen der Infrastruktur (Einkaufsmöglichkeiten, Schulen, kulturelle Angebote) und des Erholungswertes, die zu berücksichtigen sind. Denn davon hängt es – und sei die Wohnung selbst noch so schön – zuerst ab, wie es um die Vermietbarkeit bestellt ist.

Checkliste: So wird die Wohnlage beurteilt

Um Ihnen bei der Auswahl und der Unterscheidung mehrerer Objekte zu helfen, haben wir das folgende Bewertungsmuster entwickelt. Für Anleger haben wir in der Rubrik „Punkte bei Vermietung" bereits mit den jeweiligen Punktzahlen vorgegeben, welche Faktoren Sie besonders berücksichtigen sollten. Je höher die Punktzahl, desto wichtiger ist das jeweilige Kriterium für die Vermietbarkeit.

Wenn Sie die Wohnung für sich selbst suchen, sollten Sie zunächst in aller Ruhe mit Ihrer Familie eine Rangliste der Kriterien aufstellen, die für Ihre Wahl wichtig sind. Hohe Punktzahlen kennzeichnen wichtige Auswahl-Gesichtspunkte, niedrige die unwichtigen. Eintragen können Sie diese Wertigkeit in der Rubrik „Punkte bei Selbstbezug". Ist das geschehen, wird es Ihnen ganz leichtfallen, nach jeder Besichtigung das Objekt in die Liste einzutragen und zu bewerten. Wir haben zwar nur Felder für drei Objekte vorgegeben, Sie sollten sich aber erheblich mehr Angebote anschauen. Wenn sich dabei ähnliche Bewertungen erkennen lassen, kommen Ausstattung und Zustand der jeweiligen Wohnung als zweite Hauptkriterien hinzu. Da werden weitere Punkte vergeben und zusätzliche Checklisten erforderlich. Mehr darüber im nächsten Kapitel.

Auswahl-Kriterium	Punkte/Vermietung	Punkte/Selbstbezug	Objekt 1	Objekt 2	Objekt 3
Umwelt/Wohnlage:					
reines Wohngebiet (Industrie oder Gewerbe in der Nachbarschaft führt zur Abwertung)	max. 10				
gewachsenes Wohngebiet (Neubaugebiete auf der grünen Wiese werden abgewertet)	max. 5				
Naherholungsgebiete, heile Natur in der näheren Umgebung	max. 7				
Lärmbelästigung (Hauptstraßen, Einflugschneisen, Bahnlinien führen zur Abwertung)	max. 6				
verkehrsberuhigtes Wohngebiet	max. 5				
Spielmöglichkeiten für Kinder ohne Gefährdung durch Straßenverkehr	max. 7				
Verkehrssituation:					
Schnellbahn-Haltestelle in der Nähe	max. 10				
Bushaltestelle in der Nähe	max. 7				
Pkw-Stellplatz oder Garage	max. 7				
Entfernung zum Arbeitsplatz	entfällt				
Entfernung zum bisherigen Wohnort (wichtig zur Pflege alter Kontakte)	entfällt				

Fortsetzung Seite 40

Auswahl-Kriterium	Punkte/Vermietung	Punkte/Selbstbezug	Objekt 1	Objekt 2	Objekt 3
Wohnumfeld/Infrastruktur:					
vorhandener alter Stadt- oder Ortskern in der Nähe oder leicht erreichbar	max. 7				
Einkaufsmöglichkeiten, Fachgeschäfte, Geldinstitute in der Nähe	max. 7				
Postamt, Ärzte, Apotheke in der Nähe	max. 5				
Kindergarten in der Nähe	max. 5				
Grund-/Hauptschule leicht erreichbar	max. 5				
weiterführende Schule am Ort	max. 5				
Sozialstation/Alten- bzw. Krankenpflegedienst am Ort vorhanden	max. 5				
Kirche/Gemeindezentrum in der Nähe	max. 5				
Freizeitangebot:					
Sportmöglichkeiten, Schwimmbad	max. 7				
Vereine (persönliche Interessen)	entfällt				
Möglichkeiten für Spaziergänge oder Radtouren in der Umgebung	max. 5				
Jugendzentrum leicht erreichbar	max. 5				
Altentagesstätte in unmittelbarer Nähe	max. 5				
Volkshochschule am Ort vorhanden	max. 5				
Kino, Theater leicht erreichbar	max. 5				
Gesamtpunktzahl	max. 140				

WICHTIG FÜR SELBSTNUTZER UND ANLEGER: SO WERDEN AUSSTATTUNG UND ZUSTAND BEURTEILT

• •

Wie sich die allerbesten Geschäfte mit Wohnimmobilien machen lassen, bewies jahrelang ein Hamburger Altbau-Spekulant: Zu Spottpreisen kaufte er große Miethäuser aus der Jugendstil-Zeit, ließ die alten Bewohner von rabiaten Entmietungs-Trupps vertreiben und die Wohnungen herausputzen. Ein bißchen Teppichboden hier, ein bißchen neuer Putz da, viel weiße Farbe und ein paar Tupfen Goldfarbe (sein Markenzeichen) auf der Fassade – und schon war jeder Quadratmeter ein Vielfaches des Einkaufspreises wert.

Wer sich noch nie näher mit Immobilien befaßt hat, der ist mit solchen kosmetischen Tricks besonders leicht zu täuschen. Denn alles sieht frisch und gepflegt aus – auf den ersten Blick. Wer sich nicht hereinlegen lassen will, der sollte jedoch nicht nur auf frisch gemalte Wände, sondern im wahrsten Sinne des Wortes hinter die Fassade schauen. Denn schwere Baumängel (siehe auch unser Kapitel über die Haftung des Verkäufers auf Seite 56) begründen zwar Schadenersatzforderungen, eventuell kann der Kauf sogar rückgängig gemacht werden. Aber normale Reparaturen oder Sanierungen, deren Notwendigkeit geschickt hinter der Verkaufs-Kosmetik verborgen wurde, gehen zu Lasten der neuen Eigentümer.

Und Risiken lauern nicht nur bei Altbauten. Auch die Qualität von Neubauten muß kritisch geprüft werden. Nicht alles, was gut aussieht, hält auch wirklich ohne Reparaturen 20 Jahre lang. Nun ist es zwar sinnvoll, vor dem Vertragsabschluß einen Architekten oder erfahrenen Handwerker hinzuzuziehen. Auch ein Gutachter (Industrie- und Handelskammer) sollte erkennen, wie es um die Bauqualität wirklich bestellt ist. Doch bei der Vorauswahl kann es sich niemand leisten, die Baubeschreibungen von Dutzenden Neubauten durch einen Experten prüfen oder -zig Altbauten vom Gutachter einschätzen zu lassen. Deshalb haben wir eine kleine Besichtigungsliste zusammengestellt, mit der auch ohne Fachkenntnisse eine erste Beurteilung der Immobilie möglich ist:

Checkliste: Darauf müssen Sie bei der Besichtigung achten – der Test mit Feuerzeug und Fingernagel

Vor allem Feuchtigkeitsschäden lassen sich oft nur mit großem finanziellen Aufwand beseitigen – und sind ein Zeichen für erforderliche Sanierungen, die man auf den ersten Blick nicht erkennt. Diese Liste kann natürlich ein umfangreiches Gutachten nicht ersetzen – aber sie ist einfach anzuwenden und verrät oft mehr, als dem Verkäufer recht sein kann.

Das können Sie sehen	Das kann dahinterstecken
Innen: Stockflecken, Schimmel an den Wänden	schlechte Isolierung des Mauerwerks, ungenügende Raumbelüftung nach Einbau von Isolierglasfenstern ➔ evtl. kostenintensive Wärmedämmung der Außenwände
Luftzug in Bodennähe (testen mit Feuerzeugflamme in Raummitte auf Höhe der Fußleisten)	schlecht dichtende Fenster oder Balkon- bzw. Wohnungs- oder Haustüren, verzogene Rahmen ➔ evtl. Austausch erforderlich
bräunliche Wasserränder an Decken	Hinweis auf Leitungs- oder Abwasserschäden ➔ evtl. Austausch überalterter Rohrleitungen
herausgezogene Anschlußstecker von Elektro-Großgeräten (Waschmaschine, Herd, Trockner), Sicherungskasten mit nur vier bis sechs Schraubsicherungen	ungenügende Elektroleitungen, überlasteter Wohnungsanschluß ➔ eventuell völlig neuer Anschluß und Verkabelung in allen Räumen
braune Flecken am Verputz von innenliegenden Schornsteinwänden	falsch dimensionierte Heizungsanlage, Feuchtigkeitsniederschlag durch niedrige Rauchtemperatur ➔ evtl. Erneuerung der gesamten Abgasführung erforderlich
Feuchtigkeit an Keller-Innenwänden, Ausblühungen	beschädigte Abflußrohre für Regenwasser außen, defekter Außenputz unter der Erde ➔ evtl. Aufgraben des gesamten Fundaments
Außen: Holz-Fensterrahmen lassen sich mit dem Fingernagel eindrücken (vor allem auf Wetterseite prüfen)	Verwendung von nicht ausreichend geschütztem Weichholz ➔ evtl. Austausch

Ausblühungen im Mauerwerk	mangelnder Feuchtigkeitsschutz, evtl. schwerste Bauschäden ➔ evtl. neue Feuchtigkeitsisolierung oder Verfugung erforderlich, in schwersten Fällen neues Vormauerwerk
Risse zwischen Eingangs- bzw. Kellertreppe und Hauswand	Verbindung der Bauteile ist fehlerhaft, Gefahr von Feuchtigkeitsschäden ➔ evtl. Abriß und Neubau der Treppen erforderlich

DIE HALTBARKEIT VON BAUTEILEN UND MATERIALIEN: STECKEN SIE ZUR BESICHTIGUNG IMMER EINEN MAGNETEN EIN

Nun müssen sich bei der Besichtigung natürlich nicht immer gleich Schäden erkennen lassen. Es wäre schon Zufall (und Dummheit des Verkäufers), wenn man eine fast abbruchreife Immobilie vorfände. Aber auch wenn bei der Inaugenscheinnahme alles in Ordnung erscheint – manchmal tickt in Wänden und Böden auch eine Zeitbombe. Deshalb sollte man sich erkundigen, wann welche Bauteile oder Installationen zuletzt erneuert worden sind und aus welchem Material sie bestehen. Dabei kommt auch der Magnet zum Einsatz: Er entlarvt Stahlblech bzw. Eisenrohre. Die folgende Übersicht zeigt, welche verwendeten Materialien wie lange halten. Im Kapitel über Modernisierungen taucht eine ähnliche Liste noch mal auf – mit Hinweisen auf die Kosten bei einer Erneuerung und die Möglichkeiten für Heimwerker, durch eigene Arbeit Geld zu sparen. Die in der folgenden Liste angegebene Haltbarkeit setzt eine normale, dauernde Wartung und Pflege sowie zwischenzeitliche kleinere Reparaturen voraus.

Bauteile bzw. Material	Lebensdauer
Außenwände aus Hartbrand-Ziegeln	über 100 Jahre
Außenwand mit Putz	bis 30 Jahre
Außenanstrich (Binder-/Ölfarbe)	3 bis 8 Jahre
Fenster und Türen aus Holz	bis 50 Jahre
Flachdächer	max. 30 Jahre
Dächer mit Ziegeln oder Schiefer	50 bis 100 Jahre
Dächer mit Beton-Dachsteinen	30 bis 50 Jahre
Holzfußböden	bis 100 Jahre
Fliesen oder Platten aus Kunst- oder Naturstein	bis 50 Jahre
Kunststoffbahnen, Linoleum	bis 30 Jahre
Teppichböden	3 bis 10 Jahre
Elektro-Warmwassergeräte	bis 10 Jahre
Elektroleitungen unter Putz	ca. 50 Jahre
Elektroleitung frei verlegt, Aufputz	30 bis 50 Jahre
Schalter, Steckdosen	bis 20 Jahre
Wasser- und Abwasserleitungen (Kupfer/Kunststoff)	bis 80 Jahre
Armaturen aus Messing	bis 30 Jahre
— aus Blei, Zinkblech	bis 50 Jahre
Heizungsrohre aus Kupfer	bis 80 Jahre
— aus Stahl	bis 50 Jahre
Heizkessel	ca. 30 Jahre

Checkliste: So vergleichen Sie Ausstattung und Preis von verschiedenen Objekten in vergleichbarer Lage

Wie im Kapitel zur Beurteilung der Wohnlage wollen wir auch hier mit den „Punkten bei Vermietung" darauf hinweisen, welche Bedeutung die jeweiligen Kriterien für die Vermietbarkeit und die Miethöhe haben. Um Ihnen außerdem die Einordnung in Mietenspiegel bzw. Preiskategorien zu erleichtern, finden Sie zusätzlich Hinweise auf die typischen Ausstattungsmerkmale für einfache (I), mittlere (II) und gute/sehr gute (III) Wohnungen.

Die „Punkte bei Selbstbezug" vergeben Sie bitte wieder entsprechend Ihren persönlichen Wünschen bzw. Vorstellungen, wobei die „Punkte bei

Vermietung" wieder eine Richtgröße sein können. Die Gesamtpunktzahlen der einzelnen Objekte müssen bei Vermietung im Verhältnis zum Quadratmeterpreis, bei Eigennutzung im Verhältnis zum Quadratmeterpreis und zum Grundriß bewertet werden.

Auswahl-Kriterium	Punkte/Vermietung	Punkte/Selbstbezug	Objekt 1	Objekt 2	Objekt 3
Quadratmeter-Preis	entfällt	entfällt			
Grundriß entspricht den Vorstellungen	entfällt	entfällt			
Fenster					
I: Normalglas					
II: Isolierglas					
III: Spezialglas (Wärme-/Einbruchschutz)	max. 5				
Türen in Wohnräumen					
I: Sperrholz, Füllungstüren					
II: mit Holzfurnier, Glasfüllungen					
III: Schiebe-/Kassettentüren, Massivholz,					
Schleiflack, Holzzargen z.T. mit					
Verzierungen	max. 5				
Wände in Wohnräumen					
I: Putz mit Anstrich					
II: Rauhfaser gestrichen, Tapeten					
III: gespachtelte Lackflächen,					
teilweise mit Holz vertäfelt, textile					
Wandbeläge	max. 7				
Decken in Wohnräumen					
I: Anstrich auf Putz					
II: tapeziert, teilweise Holzvertäfelung					
III: Stuck, Holzvertäfelung	max. 7				
Fußböden in Wohnräumen					
I: einfache Holzdielen, Linoleum,					
Kunststoff					
II: einheitlicher Teppichboden					
III: hochwertige Teppichböden, Parkett	max. 7				

Fortsetzung Seite 46

Auswahl-Kriterium	Punkte/Vermietung	Punkte/Selbstbezug	Objekt 1	Objekt 2	Objekt 3
Bad/WC					
I: Wände nicht gefliest, einfache Sanitärobjekte, Duschwanne					
II: Wände teilweise gefliest, Vollbad, WC im separaten Raum					
III: hochwertige Fliesen, Objekte und Armaturen, Dusche mit Thermostat, Dusch- und Badewanne getrennt, separates Gäste-WC	max. 7				
Küche					
I: Wandanstrich, Bodenbelag aus Kunststoff oder Linoleum, Einzelspüle und Herd					
II: Boden vollständig, Wände z.T. gefliest, Küchenzeile mit Einbauspüle und Herd					
III: hochwertige Fliesen, Einbauküche mit Gefrierschrank, Mikrowellen-Anschluß	max. 7				
Installationen					
I: Leitungen auf Putz, eine Steckdose und Deckenbrennstelle pro Raum, einfache Schalter und Steckdosen auf Putz					
II: Leitungen unter Putz, Schalter und Dosen aus Systemteilen, bis drei Steckdosen pro Raum, Gemeinschaftsantenne					
III: Steckdosen in jeder Raumecke, mehrere getrennt schaltbare Deckenbrennstellen, hochwertiges Dosen- und Schalterprogramm, Gemeinschaftsantenne mit mehreren Anschlüssen innerhalb					

Auswahl-Kriterium	Punkte/Vermietung	Punkte/Selbstbezug	Objekt 1	Objekt 2	Objekt 3
der Wohnung, mehrere Anschluß-möglichkeiten für Telefon	max. 7				
Heizung					
I: einfache Radiatoren (Rippen-Heizkörper)					
II: Flächen-Heizkörper					
III: Kleinflächen-Heizkörper, Fußboden-heizung, Kamin oder Kaminofen	max. 5				
Eingangsbereich/Treppen					
I: Holz- oder Betontreppen, Wände gestrichen					
II: Holz mit Textilbelag, Beton mit Fliesen, Wände mit Reibeputz					
III: Treppen mit Teppich oder Naturstein, Marmor, Wände tapeziert	max. 6				
Außenbereich					
I: einfache Anlage, Grünflächen, betonierte Zuwege, Kinderspielplatz mit Sandkiste					
II: Gartenanlage, Baumbestand, Gehwegplatten auf Zuwegen, Spiel-platz mit Sandkiste und Rutsche/Klettergerät					
III: gärtnerische Gestaltung und Bepflanzung, alter Baumbestand, gepflasterte Wege, Sitzecke, an-sprechender Spielplatz mit großer Sandkiste, Rutsche, Wippe, Schaukel, Klettergeräten, Grillecke	max. 7				
Gesamtbewertung	max. 70				

Zusatzkosten für jeden Immobilienbesitzer: Erst kommt der Notar, zum Schluss die Müllabfuhr

. . . .

In verschiedenen Musterrechnungen dieses Buches weisen wir am Rande auch immer auf die Nebenkosten hin, die mit einem Immobilienerwerb verbunden sind. Und weil wir es Ihnen so einfach wie möglich machen wollen, haben wir da immer Pauschalsätze eingetragen. Doch wenn es zunehmend ernster wird mit Ihren Kaufplänen, dann sollten Sie auch die zusätzlichen Belastungen genau einkalkulieren. Denn da kommen schnell ein paar Tausender extra zusammen. Und – abgesehen von den Kosten für die Löschung alter Einträge im Grundbuch, z. B. Hypotheken des Vorbesitzers – im Kaufvertrag wird meistens vereinbart, daß der Käufer alle Kosten zu übernehmen hat. Wir beschreiben die einzelnen Positionen jetzt mal in der Reihenfolge, in der Ihnen normalerweise auch die Rechnungen ins Haus flattern:

Die Maklercourtage

Allgemein üblich ist ein Satz von drei Prozent des Kaufpreises, auf diese Provision werden 15 Prozent Mehrwertsteuer geschlagen. Eine faire Variante ist es, wenn Käufer und Verkäufer sich die Provision teilen. Überhaupt keine Vorteile ergeben sich für den Käufer, wenn der Makler angeblich „provisionsfrei" arbeitet (haben wir noch nie erlebt, denn von Luft und Liebe können auch die Vermittler nicht existieren) oder angeblich der Verkäufer alles bezahlt. Denn in solchen Fällen ist die Courtage für den Makler meist als Innenprovision in den Kaufpreis eingerechnet (üblich bei Neubauten von Bauträgern) bzw. der private Verkäufer, der vorgeblich den Makler bezahlt, verlangt gleich einen höheren Quadratmeterpreis.

GUTACHTERKOSTEN / SCHÄTZGEBÜHREN

Wenn die Bank den Beleihungswert einer Immobilie prüfen will, wird ein Gutachter losgeschickt. Er bekommt normalerweise ein Honorar zwischen 300 und 1.000 Mark zuzüglich Mehrwertsteuer.

DIE NOTARGEBÜHREN

Der Kauf muß beurkundet, die Auflassung im Grundbuch vorgenommen werden, Grundschulden und eventuelle Abtretungen an die Geldinstitute müssen ebenfalls beurkundet und eingetragen werden – für alles zusammen nimmt der Notar ungefähr ein Prozent des Kaufpreises. Sein Gesamthonorar setzt sich immer aus mehreren verschiedenen Positionen zusammen, die immer anhand des jeweiligen Gegenstandswertes berechnet werden. Je nach Tätigkeit ist dann von der Gebühr

- der halbe Satz (bei Umschreibung, Zahlungsüberwachung, Anforderung und Entgegennahme von Gläubiger-Erklärungen),
- der volle Satz (Grundschuldbestellung zur Absicherung von Krediten) bzw.
- der doppelte Satz (Ausfertigung des Kaufvertrages) fällig. Grundlage ist die bundeseinheitliche Gebührenordnung für Notare. In den östlichen Bundesländern werden von den ermittelten Gebühren 20 Prozent abgezogen.

Gegenstandswert	Notargebühr
10.000 DM	80 DM
30.000 DM	120 DM
50.000 DM	160 DM
60.000 DM	180 DM
70.000 DM	200 DM
80.000 DM	220 DM
90.000 DM	240 DM
100.000 DM	260 DM
200.000 DM	410 DM
300.000 DM	560 DM
400.000 DM	710 DM
500.000 DM	860 DM

GEBÜHREN FÜR GERICHT/GRUNDBUCHAMT

Für Löschungen, Eintragungen und Besitzumschreibungen werden
Gebühren fällig, die etwa 0,3 Prozent des Immobilienwertes betragen,
hinzu kommen dann 15 Prozent Mehrwertsteuer.
Gebühren des Vermessungsamtes:
Jeder Neubau muß nach seiner Fertigstellung für die Eintragung in die
amtlichen Flurkarten vermessen werden – davon haben Sie nichts, außer
den Kosten: Für ein normales Wohnhaus sind das etwa 150 bis 200 Mark.
Grunderwerbsteuer:
Wird immer mit zwei Prozent des Kaufpreises angesetzt. Und bei einem
Verkauf – auch nach kurzer Zeit – wird sie niemals erstattet.

KALKULIEREN SIE DIE
WOHN-NEBENKOSTEN NIE ZU GERING

Bestimmt haben Sie sich als Mieter auch schon darüber geärgert oder
vielleicht sogar aufgeregt, wenn Ihnen einmal jährlich die Betriebsko-
stenabrechnung des Hausbesitzers oder Verwalters in den Postkasten
gesteckt wurde. Das aber wird Ihnen auch in Zukunft nicht erspart bleiben. Auch als Haus- oder Wohnungseigentümer wollen Sie sich schließlich waschen, elektrisches Licht benutzen und in einem geheizten Zimmer sitzen. Daraus ergeben sich folgende:

Nebenkosten für Einfamilienhaus oder Eigentumswohnung
- Fahrstuhlwartung
- Feuerlöscherwartung
- Gebäudeversicherungen (Feuer/Sturm/Glasbruch, Leitungswasser)
- Grundsteuer
- Haftpflichtversicherung für Grundeigentümer
- Heizung (Brennstoffe)
- Heizungswartung
- Müllabfuhr
- Schornsteinfeger/Kaminkehrer (mit Abluftprüfungen)
- Straßen-/Gehwegreinigung

- Stromkosten
- Wasser- und Abwassergebühren

Zusätzliche Nebenkosten für Eigentumswohnungen
- Gartenpflegekosten (wenn nicht durch Hausmeister)
- Hausmeisterkosten
- Instandhaltungsrücklage
- Reinigungskosten (wenn nicht durch Hausmeister)
- Stromkosten für Gemeinschaftsanlagen
- Verwaltungskosten (25 bis 30 Mark monatlich)
- Winterdienst/Schneeräumung (wenn nicht durch Hausmeister)

Die Gesamtsumme der monatlichen Kosten ist abhängig von den jeweiligen Gebühren der örtlichen Behörden und Versorgungsbetriebe bzw. vom Geschick der Verwaltungsfirmen (bei Eigentumswohnungen) und des Eigentümers (bei Brennstoffkauf und Wartungskosten). Gerechnet werden kann mit einer monatlichen Belastung von 2,50 (in Eigentumswohnungen) bis 3,50 Mark (in Einfamilienhäusern) pro Quadratmeter Wohnfläche. Sicherheitshalber und wegen absehbarer Steigerungen bei Energie- und Wasserkosten sowie noch stark steigender Entsorgungsgebühren (Abwasser, Müll) muß zum Teil heute schon mit 4,50 bis 5,00 Mark pro Quadratmeter kalkuliert werden, wie wir es in den Musterrechnungen getan haben.

WORAN NEUBAU-KÄUFER
GUTE BAUTRÄGER ERKENNEN:
SCHWARZE SCHAFE HABEN KEIN LANGES LEBEN

• •

Bunt schillernde Prospekte und vielversprechend aufgemachte Zeitungsanzeigen – so beginnt für die meisten Bauherren die Zusammenarbeit mit ihrem Bauträger. Das sind längst nicht mehr „Bauunternehmer" oder Handwerksbetriebe vom alten Schlag, sondern Dienstleistungsfirmen, die (manchmal zwar auch noch mit eigener Baufirma) ihrerseits als Generalunternehmer die Arbeiten ausschreiben und Handwerker beauftragen, vorher Grundstücke besorgen, Baugenehmigungen beantragen, manchmal auch Finanzierungsfragen klären – und am Ende einen schlüsselfertigen Neubau übergeben.

Nun haben wir an anderer Stelle schon gesagt, der schlüsselfertige Erwerb vom Bauträger wäre für den Käufer der einfachste Weg. Ob er aber auch der risikoloseste ist, hängt von der Auswahl des Unternehmens und den Verträgen ab. Doch bevor an einen Vertrag auch nur zu denken ist, sollten Sie die Seriosität des Unternehmens abklopfen.

Nicht immer wird man es Ihnen dabei so leicht machen wie bei einem norddeutschen Familienunternehmen. Seit über 30 Jahren im Geschäft und mittlerweile zu den Größten in der Region gehörend, wird dort mit offenen Karten gespielt: Der Interessent bekommt eine Liste mit den bisher erstellten Bauvorhaben und Siedlungen – damit er sich dort nach der Zufriedenheit früherer Käufer des Unternehmens erkundigen kann. So etwas darf sich nur erlauben, wer ein reines Gewissen und nichts zu verbergen hat. Daß bei demselben Unternehmen außer einer kleinen Anzahlung als Schutzgebühr der Gesamtkaufpreis erst zur Schlüsselübergabe fällig ist, rundet das ohnehin schon gute Bild noch mehr zum Positiven ab. Aber dazu später.

Zunächst einmal geht es um die

Auswahl Ihres Bauträgers:
- Erkundigen Sie sich, wie lange das Unternehmen bereits „im Geschäft" ist. Je länger, desto besser. Schwarze Schafe haben meist nur ein kurzes Leben – weil sie sich vor lauter Gier überfressen und dann (vom Konkursrichter) notgeschlachtet werden.
- Lassen Sie sich als Referenzen frühere Bauvorhaben auflisten und fragen Sie bei den Erwerbern nach deren Erfahrungen mit dem Unternehmen.
- Erkundigen Sie sich bei Ihrem Geldinstitut nach der Firma. Die Auskunftsabteilung der Bank oder Sparkasse ist viel preiswerter und oft besser auf dem letzten Stand als eine Wirtschaftsdetektei.

Jetzt haben Sie schon einiges für Ihre eigene Sicherheit getan. Doch das ist noch lange nicht ausreichend. Denn außerdem lauern auch noch

Fallen in den Verträgen:

Grundsätzlich sollten alle Verträge von einem in Baufragen erfahrenen Juristen geprüft werden. Das kostet Sie pro Stunde 100 bis 200 Mark. Notare machen es oft preiswerter als Rechtsanwälte.

- Die Baubeschreibung sollte immer Bestandteil des Kaufvertrages sein. Dort ist genau festgelegt, wie die einzelnen Arbeiten ausgeführt werden müssen und welche Ausstattung zum vertraglich vereinbaren Preis geliefert wird. Was von der jeweiligen Beschreibung zu halten ist und ob es sich um billigste oder gute Standards handelt, kann Ihnen jeder Handwerker mit einem Blick sagen. Ein Architekt auch, aber der nimmt pro Stunde 120 bis 150 Mark.

- Die Baubeschreibung sollte auch festhalten, daß der Bauträger eine Baugrunduntersuchung (auf Altlasten, z. B. Ölschäden oder vergrabenen Müll) durchführen muß.

- Notwendige Mehrarbeiten wie die Verlegung einer Drainage (gegen Grundwasser-Schäden) und die Ausführung der Wandisolierungen im Erdbereich sollten nie ausgeklammert sein. Ein seriöses Unternehmen wird sich mit dem Zusatz „entsprechend den örtlichen und baulichen Erfordernissen" einverstanden erklären. Wenn sich Ihr Keller später ungewollt in ein Schwimmbecken verwandelt, ist nämlich nicht „entsprechend den Erfordernissen" gearbeitet worden – und die Firma muß nachbessern.

- Achten Sie darauf, daß zusätzliche Kosten für eventuell erforderliche Geh- und Fahrwege, Stichstraßen, Sammelgruben für Ab- und/oder Regenwasser und die Verlegung von Anschlußleitungen bis zum öffentlichen Netz in der Baubeschreibung enthalten sind. Sonst zahlen Sie nicht nur fürs Abwasserrohr zur Straße noch mal extra.

- Jede Zusatzvereinbarung, bei der es im Verkaufsgespräch heißt: „Ach, das machen wir schon" oder „Solche Arbeiten sind bei uns selbstverständlich", muß schriftlich festgehalten und in den Vertrag aufgenommen werden.

- Alle späteren Erklärungen des Unternehmens oder seines Bauleiters sollten schriftlich festgehalten werden. Eventuelle Mängel oder Abweichungen von der Baubeschreibung sollten – auch schon während der Bauzeit – sofort per Einschreiben mit Rückschein angezeigt werden.

- Der Fertigstellungstermin muß im Vertrag schriftlich garantiert sein. Für jeden Tag oder Monat der Verzögerung sollte eine festgelegte Konventionalstrafe vereinbart sein. Das ist fair, weil auch Sie bei Zahlungsverzug eine Strafe schlucken müssen. Und es ist notwendig, weil eventuell hohe Kosten (Übergangswohnung oder Hotelunterbringung bei schon gekündigten Wohnungen, Lagerkosten für Möbel) entstehen können.

- Die Zahlungsweise des Kaufpreises muß ebenfalls im Vertrag vereinbart werden. Akzeptieren Sie keine Zahlungsverpflichtungen ohne Gegenleistungen, etwa nach der Klausel „ein Drittel der Gesamtsumme ist bei Vertragsabschluß fällig". Jede Leistung, für die kassiert werden soll, muß wirklich erbracht und abgenommen (besichtigt) worden sein.

Üblich ist nach der Makler- und Bauträgerordnung ein fester **Zahlungsplan**. Davon darf – wie im Beispiel des norddeutschen Unternehmens – natürlich der Vertrag gern zu Ihren Gunsten abweichen. Ansonsten gilt die Regel, daß ein Drittel der Bausumme (30 Prozent) fällig wird, wenn alle folgenden fünf Punkte erfüllt sind:

1. Der notariell beurkundete Kaufvertrag muß rechtskräftig sein.
2. Für das im Kaufvertrag beschriebene Objekt muß dem Bauträger eine rechtsgültige Baugenehmigung erteilt worden sein.
3. Zu Gunsten des Käufers muß im Grundbuch eine Auflassungsvormerkung eingetragen worden sein.
4. Die Löschung aller alten Belastungen im Grundbuch muß bewilligt sein.
5. Auf dem Grundstück muß der erste Spatenstich erfolgt sein, also die Erdarbeiten müssen begonnen haben.

Die weiteren Raten werden dann jeweils nach Baufortschritt und (wie beschrieben) nach der Abnahme bezahlt – wobei die nach Zahlung des ersten Drittels verbleibende Restsumme jetzt wieder als 100-Prozent-Betrag angesehen wird.

Davon werden fällig:

- 40 Prozent nach Fertigstellung des Rohbaus,
- 25 Prozent nach der Rohinstallation (Leitungen, Rohre) und dem Verputzen der Innenwände,
- 15 Prozent nach dem Einsetzen der Fenster und der Türzargen (ohne Türblätter) sowie dem Treppeneinbau,
- 15 Prozent bei Fertigstellung und Übergabe sowie
- 5 Prozent, wenn alle Restarbeiten abgeschlossen und die bei der Endabnahme festgestellten Mängel beseitigt sind.

BEI NEUBAUTEN GENAUSO WICHTIG WIE BEI ALTBAUTEN: WANN DER VERKÄUFER FÜR SCHÄDEN UND MÄNGEL HAFTET

Wenn Sie schon einmal einen Gebrauchtwagen gekauft haben und dabei hereingelegt wurden, dann können Sie ungefähr erahnen, was beim Kauf eines Altbaus auf Sie zukommen kann. Denn wie in den Auto-Kaufverträgen gibt es eine Standardklausel auch in den Kaufverträgen für Immobilien: „Gekauft wie besehen" oder „Der Käufer hat sich vom ordnungsgemäßen Zustand des Hauses überzeugt" oder „Verkauft unter Ausschluß jeglicher Gewährleistung" wird dort gern hineingeschrieben. Wer sich auf solche Formulierungen einläßt, hat es schwer mit dem Durchsetzen nachträglicher Forderungen. Nur bei einer „arglistigen Täuschung" durch den Verkäufer hat man Erfolg – und kann den anderen noch 30 Jahre später haftbar machen...

Zwei Beispiele:
- Schwammbefall gilt als einer der gefährlichsten Gebäudeschäden. Weiß der Verkäufer davon und informiert er den Käufer nicht, ist das „Arglist". Aber dazu muß der Käufer zunächst mal nachweisen, daß der Verkäufer wirklich etwas geahnt hat. Denn ein Laie ist nicht zwangsläufig in der Lage, den Schaden und seine Bedeutung zu erkennen. Es könnte sich ja auch um harmlose Ausblühungen handeln. Könnte dem Verkäufer aber nachgewiesen werden, daß er schon ein Sanierungsangebot eingeholt hat, steht die Arglist unzweifelhaft fest.
- Bodenverunreinigungen (z.B. durch ausgelaufenes Öl oder Müll) können teure Sanierungskosten nach sich ziehen. Auch da könnte sich der Verkäufer damit herausreden, nichts gewußt zu haben. Wenn aber seit Jahren untersucht wird, ob das Baugebiet auf einer alten Müllkippe steht, ist auch in diesem Fall die „Arglist" beweisbar.

Wer sich vor langwierigen Prozessen um die Arglist schützen will, sollte deshalb eine andere als die genannten Formulierungen in den Kaufvertrag hineinsetzen lassen: „Schäden oder Mängel am Bauwerk oder Grundstück, die die Gebrauchstauglichkeit und den Wert beeinflussen, sind dem Verkäufer nicht bekannt, gleiches gilt für Anzeichen, die auf solche Schäden oder Mängel schließen lassen." Wer nichts zu verbergen hat, wird den Zusatz unterschreiben. Wer aber seit Jahren versucht, sein undichtes Dach reparieren zu lassen und schließlich entnervt verkauft, den kann die Aussage eines einzelnen Handwerkers leicht überführen.

Bei Bodenverunreinigungen kann im Einzelfall aber auch ein Schadenersatzanspruch gegen die jeweilige Gemeinde entstehen. Wenn Baugelände als reines Wohngebiet ausgewiesen wird, obwohl dort früher eine Giftmülldeponie eingerichtet war oder vermutet wird, macht sich die Gemeinde einer Amtspflichtverletzung schuldig (Bundesgerichtshof Aktenzeichen III ZR 245/89). Sie muß auf Gesundheitsgefahren durch ehemaliges Deponiegelände hinweisen bzw. die Flächen in Bebauungsplänen entsprechend kennzeichnen. Ist dies geschehen, und verschweigt der Bauträger diesen Umstand seinem Kunden, handelt er arglistig.

Auch auf Nachbarschaftsprobleme muß der neue Eigentümer hingewiesen werden. Ungefragt muß ein Verkäufer z.B. darauf hinweisen, wenn der Besitzer der anderen Hälfte eines Doppelhauses seit Jahren die Nachtruhe durch absichtliches Lärmen, laute Radiomusik oder Klavierspielen stört. Wird dies verschwiegen, handelt der Verkäufer arglistig und muß den Kaufpreis zurückzahlen (Bundesgerichtshof, Aktenzeichen V ZR 299/89).

Falsche Flächenangaben können sich vor allem bei Neubauten leicht ergeben, wenn die Prospekte bereits gedruckt sind und – eventuell im Zusammenhang mit der Baugenehmigung – nachträgliche Planänderungen erforderlich werden. Dazu hat der Bundesgerichtshof (Aktenzeichen VII ZR 284/88) entschieden, daß der Verkäufer für irreführende Angaben haften muß.

Mängel an Neubauten sollen nach einem Urteil des Bundesgerichtshofes durch eine ausreichende Kontrolle des Bauträgers vermieden werden. Er ist verpflichtet, die von ihm eingesetzten oder beauftragten Handwerker zu überwachen (Aktenzeichen VII ZR 5/91). Geschieht dies nicht, z. B. weil der Bauleiter überfordert ist oder die Qualität der Arbeiten nicht beurteilen kann, liegt eine arglistige Täuschung des Käufers durch den Bauträger vor.

Die Ursachen für Baumängel müssen in jedem Fall umfassend aufgeklärt werden. Dabei darf ein Architekt oder ein Bauträger auch eigene Planungs- oder Aufsichtsfehler nicht verschweigen (Bundesgerichtshof, Az: VII ZR 50/84).

Die Abtretung der Mängelbeseitigungspflicht an die Handwerker ist allgemein üblich – sie und nicht der Bauträger müssen nachbessern. Geht aber eines der Handwerksunternehmen innerhalb der Gewährleistungsfrist von zwei bzw. fünf Jahren in Konkurs, muß der Bauträger für die Beseitigung der Mängel aufkommen (Oberlandesgericht Düsseldorf, Az: 22 U 154/92).

Bei mehreren Möglichkeiten zur Mängelbeseitigung darf sich das verantwortliche Unternehmen zunächst für das wirtschaftlichste Verfahren entscheiden, wenn dies nach dem technischen Erkenntnisstand erfolgversprechend und anerkannt ist. Andere und teurere Verfahren müssen erst angewandt werden, wenn die ersten Versuche erfolglos blieben (Bayerisches Oberstes Landgericht, Az: 2 Z 73/89).

Eine Klage auf Mängelbeseitigung ist auch zulässig, wenn keine Nachbesserungsfrist schriftlich festgesetzt wurde. Nach der Rechtsprechung des Bundesgerichtshofs kann auf die Fristsetzung als nutzlose Förmlichkeit dann verzichtet werden, wenn der Bauträger seine Pflicht zur Gewährleistung bestreitet oder die Beseitigung der Mängel ernsthaft verweigert (Bundesgerichtshof, Az: VII ZR 311/88).

Entschädigungszahlungen für Baumängel können jederzeit vereinbart werden. Haben die Eigentümer einer neu errichteten Anlage mit Eigentumswohnungen jedoch mit Mehrheit beschlossen, daß dieser Betrag anteilig an die einzelnen Eigentümer ausgezahlt wird, so kann damit zugleich beschlossen worden sein, daß die Mängel nicht beseitigt werden. (Bayerisches Oberstes Landgericht, Az: 2 Z 57/89).

MODERNISIERUNG VON ALTBAUTEN: SCHRITT FÜR SCHRITT ZUM TRAUMHAUS

Ausführlich beschäftigen wir uns mit Eigenleistungen später noch einmal, wenn es um Neubauten geht. Aber auch bei Altbauten gilt: Wer handwerklich geschickt ist, der kann bei einem Altbau einen Haufen Geld dadurch sparen, daß er sein Haus nach dem Einzug in aller Ruhe und entsprechend den vorhandenen Mitteln auf Vordermann bringt.

Oft aber werden bei Altbauten zwei gravierende Fehler gemacht:
- Die Kosten für Material werden unterschätzt – wirklich sparen läßt sich nur am Lohn.
- Der Umfang der Arbeiten wird unnötig aufgebläht. Nicht alles sollte völlig neu hergestellt werden – oft tut's auch eine totale Renovierung.

Ein Beispiel, in dem beide Fehler zusammentreffen, ist die Erneuerung von Innentüren: Die meisten Bauherren planen von vornherein den Austausch der mit mehreren Schichten dicker Farbe übersäten, schief in den Angeln hängenden und schlecht schließenden Altbau-Türen durch neue Fertigtüren und -zargen aus dem Baumarkt ein. Die genormten Neubautüren haben aber völlig andere Maße als die früher individuell angefertigten Altbautüren. Es fallen also oft noch Maurerarbeiten an, Zargen müssen als Sonderanfertigung bestellt werden. Preiswerter und stilvoller als der Einbau glattflächiger Normtüren wird vielfach die Renovierung der alten durch Schreiner und Maler – oder den geschickten Heimwerker.

Ein weiterer sehr häufiger Fehler, der sogar zur Gefahr für den Erhalt des Hauses werden kann, ist fehlerhafte Wärmedämmung. Manche Renovierer arbeiten da nur nach der Devise „viel hilft viel" und stopfen an Dämmstoffen in ihr Haus, was hineingeht. Die Folge dieser Dämm-Wut sind oft Feuchtigkeitsschäden, Holzteile des Dachstuhls oder der Unterkonstruktion auf den Außenwänden werden angegriffen. Die Kunst der Wärmedämmung besteht nämlich nicht darin, alle Lücken auszustopfen, sondern an den richtigen Stellen für eine Luftzirkulation zu sorgen.

Ehe mit Renovierung oder Modernisierung begonnen wird, sollte deshalb gemeinsam mit Fachleuten überlegt werden, welche Arbeiten ausgeführt werden müssen und wie man dabei am besten vorgeht. Broschüren mit Hinweisen und Hilfe durch Fachleute findet man zum Beispiel über den

Arbeitskreis Altbauerneuerung
Konstantinstraße 20, 53179 Bonn
Telefon: 02 28/35 90 01.

Wer eine Mängelliste vom Experten aufstellen und sich (mit Kostenbeispielen) Ratschläge für die einzelnen Arbeiten geben lassen will, muß mit Preisen zwischen 1.000 und etwa 2.500 Mark rechnen.

Wer selbst ans Werk gehen will, sollte sich zunächst einen genauen Arbeits- und Zeitplan aufstellen – und sich dabei Zeit lassen. Denn eine geschickte Reihenfolge bei der Arbeitsausführung hilft nicht nur, die Kosten zu senken. Sie schützt den Bauherrn auch davor, ein und dasselbe Zimmer mehrmals in eine Baustelle zu verwandeln. Wer das Erdgeschoß schon fertiggestellt hat und erst dann darüber nachdenkt, ein zweites Bad im Obergeschoß einzubauen, dafür im Erdgeschoß aber wieder Rohre verlegen muß, der verwandelt sein Heim in eine ewige Baustelle. Selbst dann, wenn die endgültige Familiengröße und die spätere Nutzung der Räume noch nicht feststeht, läßt sich vorbeugen – indem an einer oder mehreren zentralen Stellen auf jeder Etage Anschlußmöglichkeiten für alle Versorgungsleitungen geschaffen werden. Die anfänglichen Mehrkosten für ein paar zusätzlich verlegte Meter Rohr oder Kabel fallen kaum ins Gewicht, machen sich später aber eventuell -zigfach bezahlt.

Wer einfach mal so kalkulieren will, welche Kosten auf ihn zukommen, kann das mit Hilfe der folgenden Übersicht tun. Die von uns genannten Preise beziehen sich auf die Arbeitsausführung durch Handwerksbetriebe. Und sie können je nach Region auch deutlich abweichen, manchmal sogar innerhalb desselben Ortes. Es kommt ganz darauf an, wie es um die Auftragslage beim jeweiligen Handwerker bestellt ist.

Arbeitsabschnitt/ Gewerk	für Heimwerker geeignet	Kosten beim Handwerksbetrieb
Neues Dach (geneigt) mit Wärmeschutz, neuen Latten und Pfannen	nein, hohe Unfallgefahr, Fachkenntnisse unbedingt erforderlich	120 bis 200 DM/m²
Neuer Putz für Kellerwände (mit Feuchtigkeits-Sperre)	nein, Fachkenntnisse unbedingt erforderlich	50 bis 100 DM/m²
Neuer Putz für Fassaden	nein, erfordert viel Übung und Fachkenntnisse	60 bis 80 DM/m²
Abbruch von nicht-tragenden Innenwänden (ca. 12 cm Stärke)	ja, aber Rat vom Fachmann einholen	ca. 45 DM/m² ohne Beiputz alter Wand- und Deckenanschlüsse
Abbruch von tragenden Innenwänden (ca. 24 cm Stärke) nach Einzug eines Deckenträgers (Stahl)	teilweise, Deckenträger muß vom Fachmann berechnet und eingezogen werden	ab 80 DM/m² ohne Beiputz-Arbeiten
Neue Türöffnungen ins Mauerwerk brechen (innen, Wandstärke bis 24 cm)	ja, wegen Türsturz (Stahl- oder Betonträger) Rat vom Experten einholen	45 bis 60 DM/m²
Neue Fensteröffnungen ins Außenmauerwerk brechen (Wandstärke bis 40 cm)	teilweise, Außenwand muß vom Fachmann abgefangen werden	110 bis 300 DM/m² größerer Aufwand bei Ziegelwänden außen
Neues Dachflächenfenster in altes Dach einsetzen	nein, hohe Unfallgefahr, Fachkenntnisse	1.000 bis 2.000 DM/m² abhängig von der Größe
Neue Innenwände in Leicht-Bauweise herstellen (Stärke 10 cm, Gipskartonplatten)	ja, wenn Helfer vorhanden	90 bis 100 DM/m²
Wärmedämmung innen aufbringen (12 cm Stärke)	ja, aber Rat des Fachmannes beachten	30 bis 80 DM/m²
Neue Heizungsanlage (Gas) mit Kessel, Warmwasserbereitung, Rohren, Heizkörpern	teilweise Vorarbeiten	ca. 150 DM pro m² Wohnfläche im Einfamilienhaus
Neues Badezimmer (alle Leitungen vorhanden, incl.	teilweise, Elektro-Arbeiten und Wasser-Installationen	ca. 6 000 DM (bei mittlerem Standard

Fortsetzung Seite 62

Arbeitsabschnitt/ Gewerk	für Heimwerker geeignet	Kosten beim Handwerksbetrieb
Wanne, Waschtisch, WC, mit Fliesenarbeiten)	nur vom Fachmann	für Armaturen, Objekte und Fliesen)
Neue Elektroinstallation (Kabel unter Putz, mit Verteilungen, ohne Schalter oder Steckdosen)	nein	ca. 20 DM/m^2

HAUPTTEIL 2 – DAS GELD:
HIER ERFAHREN SIE ALLES ÜBER
STEUERVORTEILE UND FINANZIERUNG

KEINE ANGST VORM EIGENHEIM:
WAS VON DEN HÄUFIGSTEN
GEGENARGUMENTEN ZU HALTEN IST

Wenn es stimmt, was Meinungsforscher herausgefunden haben, dann ist der Wunsch nach einem eigenen Haus oder einer eigenen Wohnung bei den meisten Bundesbürgern genauso groß wie die Angst davor. Und diese Angst, oder sprechen wir mal besser von der Vorsicht, ist auch angebracht. Denn wer sich mit Zigtausenden von Mark verschulden will oder muß, sollte das Thema wirklich als ganz heißes Eisen behandeln.

Andererseits werden immer wieder Argumente gegen die selbstgenutzte Eigentumswohnung oder das Eigenheim genannt, die bei einer genaueren Überprüfung in sich zusammenfallen oder schlichtweg auf Irrtümern beruhen. Deshalb haben wir auf den folgenden Seiten einmal die vier meistgenannten und im ersten Moment auch sehr einleuchtend klingenden Gegenargumente zusammengestellt und untersucht, was wirklich daran stimmt und was nicht:

1. Gegenargument: Man muß sich hoch verschulden und sich anschließend über Jahrzehnte einschränken, um die Kredite für seine Wohnung oder sein Haus bei den Geldinstituten abzustottern.

Unsere Antwort: Sie haben die Wahl: Schulden machen – oder ein paar hunderttausend Mark Miete verschenken!

Es ist richtig, daß die Finanzierung einer selbstgenutzten Wohnung oder eines selbstgenutzten Hauses den Preis zum Zeitpunkt des Kaufes verdoppeln kann. Im hinteren Teil dieses Buches, wo es um die Finanzierung geht, wird sogar darauf hingewiesen, daß sich der Kaufpreis mehr als verdoppeln kann – es kommt auf die Konditionen der Finanzierung an. Aber selbst die hohen Kosten einer Finanzierung sollten niemanden abschrecken. Denn in Zahlen ausgedrückt bietet der Immobilienkauf trotzdem Vorteile.

RECHENBEISPIEL FÜR DIE MIETWOHNUNG:

Nehmen wir mal an, Sie mieten heute eine komfortable Wohnung mit 80 Quadratmeter Grundfläche. Mit viel Glück finden Sie einen großzügigen Vermieter, der Ihnen dafür pro Quadratmeter eine Kaltmiete von 15 Mark monatlich abnimmt. Dann bezahlen Sie in jedem Monat 1.200 Mark Kaltmiete. Das sind dann rund 14.000 Mark im Jahr. Und wenn Sie unter 40 Jahre alt sind, dürfen Sie sich wohl noch auf weitere 40 Lebensjahre freuen. Aber nicht nur Sie, sondern auch Ihr Vermieter: Denn bis dahin hat er von Ihnen 576.000 Mark an Mietzahlungen kassiert – vorausgesetzt, er ist ein echter Wohltäter und erhöht niemals die Miete. Weil sich solche Wohltäter aber nur selten finden, rechnen wir mal mit einer ganz moderaten (und eigentlich unvorstellbar niedrigen, denn normal waren bisher drei bis vier Prozent pro Jahr!) Mietsteigerung von nur zehn Prozent innerhalb eines Zeitraumes von jeweils zehn Jahren. Dann bezahlen Sie innerhalb von 40 Jahren für Ihre Mietwohnung fast 700.000 Mark! Und am Ende gehört Ihnen die Wohnung genauso wenig wie vorher...

GEGENRECHNUNG FÜR DIE EIGENTUMSWOHNUNG:

Wenn wir zum eben gewählten Beispiel nun die Gegenrechnung aufmachen wollen, müssen wir ebenfalls von einer 80-Quadratmeter-Wohnung ausgehen. Nehmen wir mal einen Kaufpreis von 4.500 Mark pro Quadratmeter an – dann kostet diese Wohnung 360.000 Mark. Über 30 Jahre finanziert müssen Sie dafür insgesamt 720.000 bis 750.000 Mark bezahlen – aber dann gehört Ihnen die Wohnung. Und in den letzten zehn Jahren unseres Betrachtungszeitraumes wohnen Sie bereits mietfrei, während Sie als Mieter weiterhin bezahlen müßten.

Diese Gegenrechnung haben wir übrigens ganz bewußt sehr einfach gehalten – wir haben sowohl die Nebenkosten für die Wohnung wie auch für das Haus weggelassen. Das ist zulässig, weil sie sich gegeneinander aufheben. Tatsächlich sieht die Rechnung für den Kauf von Wohneigentum noch viel günstiger aus, denn wir haben die Steuervorteile überhaupt nicht berücksichtigt. Und wir haben die Wertsteigerung der Wohnung bei einem eventuellen späteren Verkauf unterschlagen. Aber zunächst einmal ging es uns ja auch nur darum, die tatsächlichen Belastungen eines Mieters darzustellen. Denn kaum jemand hält sich vor Augen, wieviel er im Laufe seines Lebens wirklich für das gemietete Dach überm Kopf zu bezahlen hat. Der Verband der Privaten Bausparkassen hat das einmal genau ausgerechnet und ist in seiner Aufstellung von einer (realistischen) jährlichen Mietsteigerung in Höhe von vier Prozent ausgegangen. Die Rechnung ist eindrucksvoll:

Lebenslänglich Miete zahlen – das kommt dabei heraus:

	Monatsmiete 400 DM	Monatsmiete 700 DM	Monatsmiete 1000 DM
Gesamtmiete innerhalb von 30 Jahren	296.208 DM	371.113 DM	673.019 DM
Gesamtmiete innerhalb von 50 Jahren	732.802 DM	1.282.404 DM	1.832.005 DM

Zieht man den ungünstigsten Fall aus dieser Tabelle heraus, dann wird ein 25jähriger, der sich heute für 1.000 Mark eine Wohnung mietet, im Laufe seines Lebens über 1,8 Millionen Mark Miete zahlen, ohne daß er dafür Eigentum erwirbt...

2. Gegenargument: Man muß so hohe Zinsen für das geliehene Geld bezahlen, daß eigentlich nur die Banken ein gutes Geschäft machen.
Unsere Antwort: Lieber wenig in die eigene Tasche, als alles in die fremde Kasse!

Wenn man noch mal einen Blick in die eben dargestellte Tabelle und auf die in Jahrzehnten zusammenkommenden Mietkosten wirft, verblaßt auch das zweite Argument der Eigentums-Gegner. Denn es stimmt zwar, daß die Finanzierung der Eigentumswohnung oder des eigenen Hauses die reinen Anschaffungskosten verdoppeln oder sogar verdreifachen kann. Bei einer Verdreifachung wäre es so, daß von z. B. jeweils 1.500 Mark, die man möglicherweise an monatlicher Belastung zu tragen hat, 1.000 Mark in die Kassen der Geldinstitute fließen. Aber selbst bei dieser Rechnung werden Monat für Monat 500 Mark in die eigene Zukunft investiert, angelegt in einer wertbeständigen Immobilie. Selbst der größte Schwarzrechner wird eingestehen, daß ein Drittel auf dem eigenen Konto immer noch besser ist als alles in fremden Taschen.

Aber noch ein weiteres Rechenbeispiel macht deutlich, wie falsch das 2. Gegenargument ist. Dazu ziehen wir noch einmal das teuerste Beispiel aus der Tabelle über die Mietpreiszahlungen innerhalb von 50 Jahren heran und fragen, welchen Kaufpreis eigentlich eine heute für 1.000 Mark (kalt, ohne Betriebskosten) vermietete Wohnung repräsentiert: nämlich 192.000 Mark (RDM-Mulitplikator für Renditeobjekte 1993, Durchschnittswert für die 13 größten deutschen Städte). Dies entspricht einem Quadratmeterpreis von 3.840 Mark. Damit uns niemand vorwirft, wir wollten hier etwas schönrechnen, setzen wir den Kaufpreis aber ganz bewußt viel höher an, nämlich mit 300.000 Mark. Schlecht finanziert, würde uns diese Wohnung über einen Zeitraum von 30 Jahren etwa 900.000 Mark kosten – das ist immer noch weniger als die Hälfte der über 1,8 Millionen Mark, die innerhalb von 50 Jahren an Miete zu bezahlen wären. Sorry – aber aus diesem Grund lassen wir auch das zweite Argument nicht gelten.

3. Gegenargument: Man kann ein viel schöneres Leben führen, wenn man weiter seine niedrige Miete zahlt und nebenbei jeden Monat etwas auf die hohe Kante legt. Damit bildet man auch Vermögen – aber ohne sich bis über beide Ohren zu verschulden.

Unsere Antwort: Wer Miete zahlen und nebenbei sparen will, betrügt sich immer nur selbst!

Natürlich ist die Vorstellung verlockend, auf der einen Seite nur eine vielleicht noch vergleichsweise geringe Miete zu zahlen, und nebenbei jede verfügbare Mark zu sparen. In Gesprächen klingt das so: *Warum soll ich meiner Bank jeden Monat 2.000 Mark bezahlen, nur damit ich in einer Wohnung leben kann, die ich für 1.000 Mark mieten kann? Da zahle ich weiter meine Miete und spare die 1.000 Mark nebenbei. Irgendwann habe ich auf diese Weise auch das Eigenkapital angesammelt, um mir selbst etwas zu kaufen …* Was sich im ersten Moment sehr vernünftig anhört, fällt bei näherer Betrachtung trotzdem in sich zusammen. Denn dabei werden Inflation, Mieterhöhungen und Kostensteigerungen für einen späteren Eigentumserwerb unterschlagen. Fazit: Das gesparte Geld verliert an Wert, die Miete steigt (es bleibt also Jahr für Jahr weniger zum Sparen übrig), und die Baukosten ziehen außerdem an. Wo sollen sich da Vorteile ergeben? Sinnvoller wäre es, sofort zu handeln. Dann könnte man noch alle von uns eben als Antwort auf Gegenargument 2 geschilderten Vorteile in voller Höhe einstreichen. Ansonsten aber schrumpft der dort erwähnte Gewinn (wir waren selbst im ungünstigen Fall auf rund 900.000 Mark gekommen) von Jahr zu Jahr ein wenig weiter zusammen. Schade um das schöne Geld …

Aber nicht nur das. Denn außerdem werden beim Vergleich von jetziger Miete und künftiger Belastung durch das Eigentum fast immer Äpfel mit Birnen verglichen. Quer durch alle Finanzierungsrechnungen gilt nämlich die folgende

Faustregel:
Die monatliche Belastung für selbstgenutztes Eigentum ist während des gesamten Finanzierungszeitraumes um etwa ein Drittel höher als die für eine absolut vergleichbare gemietete Immobilie.

In dieser Faustregel ist bereits berücksichtigt, daß in den ersten Jahren Steuervorteile die tatsächliche Belastung verringern. Der genannte Abstand bleibt aber auch in späteren Jahren (bei höherer Belastung nach Auslaufen der Steuervorteile) erhalten, weil dann die zum Vergleich heranzuziehende Miete ebenfalls erhöht wäre.

Spätestens jetzt könnten Sie uns Schönfärberei vorwerfen. Denn vielleicht haben Sie schon einmal überschlägig kalkuliert, wie hoch die monatliche Belastung beim Kauf von Eigentumswohnung oder Haus für Sie wäre. Und da sind Sie nicht auf das von uns genannte Drittel, sondern auf eine Steigerung der Belastung um zwei Drittel oder sogar auf das Doppelte gekommen – das kann sein, und es erschüttert uns nicht. Denn erstens haben Sie dabei vermutlich die Steuervorteile in den ersten acht Jahren (auf Mark und Pfennig können Sie die ab Seite 88 ausrechnen) nicht berücksichtigt. Und zweitens kommt jetzt noch einmal die Sache mit den Äpfeln und Birnen ins Spiel:

Hauptfehler:
Beim Vergleich ihrer jetzigen Miete mit der Belastung durch den Kauf von Wohneigentum berücksichtigen viele Mieter nicht, daß sie auch beim Umzug in eine neue Mietwohnung eine erheblich höhere als die derzeitige Miete zu bezahlen hätten.

Nun wird dieser Fehler natürlich unbewußt gemacht. Doch wer vielleicht schon seit sechs oder zehn Jahren in einer ganz ordentlichen Wohnung zu Hause ist und dafür heute zehn oder zwölf Mark pro Quadratmeter bezahlt, sollte sich einmal danach erkundigen, was der Hausbesitzer bei einer Neuvermietung derselben Wohnung verlangen würde (und von Ihren Nachfolgemietern bekäme). Steigerungen um 20 Prozent sind da nicht ungewöhnlich.

Korrekterweise darf aber die künftige Monatsbelastung durch die Eigentumswohnung oder das eigene Haus gar nicht mit der alten Wohnung verglichen werden – sondern für den Vergleich muß die Miete für den Erstbezug einer Neubau-Mietwohnung herangezogen werden (siehe folgende Tabelle). Schließlich sind ja auch das gekaufte Haus oder die gekaufte Wohnung neu und werden zum erstenmal bezogen. Und spätestens dann wird deutlich, daß unsere Faustregel eben doch keine Schönrechnerei ist – und das Gegenargument nicht zu halten ist.

**Wer seine künftige Belastung vergleichen will,
darf nur mit den Neubaumieten rechnen**

Die folgende Tabelle nennt die durchschnittliche Quadratmetermiete
(Nettokaltmiete bezogen auf 3-Zimmer-Wohnungen mit 70 m² und gutem
Wohnwert nach RDM-Preisspiegel 1993), die bei einem Neubezug der
jeweiligen Wohnung anzusetzen ist. Wer in eine neue Eigentumswohnung oder ein eigenes Haus ziehen will, darf seine künftige Belastung nur
mit den unter „Neubau, Erstbezug" genannten Preisen vergleichen. Die
genannten Quadratmetermieten für ältere Wohnungen haben wir zusätzlich angegeben, um Ihnen Anhaltspunkte dafür zu liefern, ob Sie zur Zeit
günstig oder teuer wohnen.

Ort	gebaut bis 1948	gebaut nach 1949	Neubau Erstbezug
Berlin (West)	9,50	20	25
Bochum	9	11	14
Bremen	12	13	16
Chemnitz	10	13	18
Cuxhaven	9	10	12
Dortmund	10	12	15
Dresden	24	24	24
Duisburg	11	12	16
Düsseldorf	17,50	19	22,50
Erfurt	22	25	25
Essen	11	13	16,50
Flensburg	13	15	15
Frankfurt	15	16	18
Garmisch-Partenkirchen	16	18	20
Gütersloh	9	9,50	13,50
Halle	12	—	19
Hamburg	16,50	18,50	23
Hannover	15	15	17
Heidelberg	17,50	16,50	19
Köln	16	16	21

Fortsetzung Seite 70

Ort	gebaut bis 1948	gebaut nach 1949	Neubau Erstbezug
Konstanz	13	15	18
Leipzig	18	–	21
Leverkusen	9,10	12,50	15
Lübeck	14,50	15	17
Ludwigshafen	11	13	17
Magdeburg	15	15	18
Mönchengladbach	10	13	15
München	22	22	24,50
Münster	13	14,50	18
Nürnberg	10	12	16
Oberstdorf	13	14	16
Recklinghausen	9	10	13
Saarbrücken	10	11,50	13,50
Schweinfurt	10	10,50	12,50
Schwerin	–	4,10	13
Stuttgart	15	16	19,50
Wiesbaden	18	18	22
Wuppertal	11	12	15
Würzburg	10	12	15

4. Gegenargument: Man hat viel weniger Ärger, wenn man sein eventuell schon vorhandenes Geld zu guten Zinsen anlegt und sich dann von diesen Zinsen eine schöne Wohnung mietet. Außerdem muß man sich dann keine Sorgen wegen seiner Schulden machen.

Unsere Antwort: Wer Geld anlegt, wird durch den Wertverlust und vom Finanzminister bestraft. Nur der Eigentümer profitiert von der Inflation und von Steuergeschenken!

Auch das Argument, vorhandenes Geld lieber anzulegen und von den Zinsen die Miete zu bezahlen, klingt zunächst sehr einleuchtend. Nehmen wir also einfach mal an, der Traum vom Lottogewinn erfüllt sich, oder über Nacht steht eine Erbschaft ins Haus.

Rechenbeispiel:
Woher auch immer das Geld kommen mag – nehmen wir mal an, 500.000 Mark landen auf Ihrem Konto. Und dafür könnten Sie im Durchschnitt acht Prozent Zinsen kassieren – in dem einen Jahr weniger, im anderen mehr. Aber über den breiten Daumen gerechnet kommen durchaus acht Prozent heraus – das sind 40.000 Mark im Jahr oder 3.333 Mark im Monat. Dafür kann man sich tatsächlich ein Traumhaus mieten. Ein viel größeres und viel schöneres Haus, als man es für 500.000 Mark kaufen könnte.

Gibt es also doch endlich mal ein Argument gegen selbstgenutztes Wohneigentum, das vor unserem Rechenschieber Bestand hat? Leider nicht. Und auch wenn es mittlerweile den Anschein haben möchte, als rechneten die Autoren dieses Buches jedes ihnen nicht genehme Argument kaputt: Es liegt nicht an Kolls und Marten, sondern der Finanzminister und die Inflation tragen die Schuld – ehrlich!

Gegenrechnung:
Die 40.000 Mark, die an Zinsen anfallen und über die wir uns eben noch gefreut haben, sind der Kapitalertragsteuer unterworfen. Nur 12.000 Mark darf ein Ehepaar steuerfrei pro Jahr kassieren – dann langt der Finanzminister zu. Nehmen wir mal an, unsere Familie hat ein zu versteuerndes Einkommen von rund 75.000 Mark pro Jahr, dann streicht der Staat von den 40.000 Mark Zinserträgen schon mal 8.400 Mark für sich ein. Und wenn man dann noch eine bei drei Prozent liegende Inflationsrate ansetzt (tatsächlich waren es seit Gründung der Bundesrepublik sogar 3,6 Prozent), bleiben statt der wunderbaren acht Prozent Verzinsung real nur noch magere 3,3 Prozent übrig. Um die Sache mit der Inflationsrate schnell zu erklären: Wir müssen jedes Jahr mit einem Teil der Zinserträge das Grundkapital aufstocken, damit das seinen Wert behält. Bei unserem Lottogewinn bzw. der Erbschaft von einer halben Million ergibt die reale Nettoverzinsung von 3,3 Prozent statt der anfangs ermittelten 3.333 Mark pro Monat nur noch einen Betrag von 1.375 Mark, den wir als Miete ausgeben könnten. Der Traum vom Traumhaus

bleibt ein Traum. 1.375 Mark reichen nämlich gerade für eine stink-normale Wohnung.

Wer's noch nicht so recht glauben mag, und dazu gehört garantiert unser alter Mathematiklehrer Kretschmann, der noch an jeder von Martens Berechnungen etwas auszusetzen hatte, darf gern die Gegenprobe durch-kalkulieren. Wenn nämlich die halbe Million, die wir eigentlich zu acht Prozent Zinsen anlegen wollten, in ein Haus investiert wird, für das wir sonst 1.500 Mark Monatsmiete zahlen müßten, hätten wir übers Jahr einen Gewinn von 18.000 Mark an ersparter Miete. Damit hätte sich unser 500.000-Mark-Lottogewinn schon mal zu 3,6 Prozent verzinst. Das ist zwar noch nicht berauschend – weil aber nie ein Inflationsverlust anzusetzen ist, sondern statt dessen ein realer Inflationsgewinn (Wert-steigerung des Hauses) erzielt wird, können wir drei Prozent hinzu-zählen. Dann liegen wir bei 6,6 Prozent.

Und die können sich schon sehen lassen. Doch es kommt noch besser. Denn im Gegensatz zu den Zinsen aus der Geldanlage muß der Vorteil aus einer selbstgenutzten Immobilie nicht versteuert werden. Rechnen wir die ersparte Kapitalertragsteuer hinzu, landen wir bei einer Verzin-sung (einkommensabhängig) zwischen rund acht und etwa zehn Pro-zent. Verglichen mit den real kassierten 3,3 Prozent nach Steuern und Inflation bei der Geldanlage machen unsere Immobilienkäufer also ein verdammt gutes Geschäft – und wir haben es mal wieder geschafft, alle mathematischen Klippen zu umschiffen und außerdem noch recht zu behalten.

Die folgende Tabelle zeigt das noch einmal im Überblick:

Verzinsung des in einer Eigentumswohnung gebundenen Kapitals
Grundlage der Berechnungen sind Kaufpreise und Netto-Jahreskaltmieten (nach RDM-Preisspiegel 1993) für nach dem 1.1.1949 gebaute Wohnung mit guter Ausstattung in einer guten Wohnlage.

Ort	festgel. Kapital pro m^2	Jahres- Mietertrag pro m^2	Kapital- Verzinsung (netto)
Berlin	4.800	240	5 %
Hamburg	4.500	222	4,9 %
München	6.200	264	4,3 %
Köln	4.200	192	4,6 %
Frankfurt	4.450	192	4,3 %
Dortmund	2.800	144	5,1 %
Stuttgart	4.700	192	4,1 %
Düsseldorf	5.300	228	4,3 %
Bremen	2.900	156	5,4 %
Duisburg	3.200	144	4,5 %
Hannover	3.100	180	5,8 %
Nürnberg	4.200	144	3,4 %

durchschnittliche Netto-Verzinsung nach obiger Tabelle	4,6 %
zuzüglich Inflationsgewinn	+ 3,0 %
zuzüglich Gewinn aus ersparter Kapitalertragsteuer mindestens (individuell)	+ 1,3 %
Gesamt-Verzinsung mindestens	8,9 %

Fazit: Wer heute Schulden macht, kann übermorgen besser schlafen.
Gerade angesichts der Prognosen für den Immobilienmarkt (Sie haben
das Kapitel doch gelesen, oder?) sprechen alle Argumente dafür, eine
Kapitalanlage in Immobilien unter dem Gesichtspunkt der Selbstversor-
gung zu sehen. Je höher die jährlichen Mietsteigerungen und je größer die
Inflationsrate, desto besser ist der Selbstnutzer dran. Denn seine Bela-
stungen werden im Laufe der Jahre immer kleiner – auch bezogen auf die
Kaufkraft des Geldes. Der Mieter dagegen muß von Jahr zu Jahr tiefer in
die Tasche greifen. Und das sind keine schwarzgemalten Prognosen.
Überlegen Sie doch selbst mal, wieviel Sie vor zehn oder 15 Jahren an
Miete gezahlt haben und was Sie heute ausgeben müssen. Die Tabelle mit
den Durchschnittsmieten haben Sie ja gesehen ...

AUCH WENN'S NOCH GANZ WEIT WEG IST: DENKEN SIE MAL EINEN MOMENT LANG ANS ALTER

Ein Argument haben wir beim Abwägen aller Vor- und Nachteile des
Immobilienerwerbs bisher ganz bewußt nicht in den Vordergrund
gestellt. Und das ist die Geschichte mit der Altersversorgung. Wir haben
es einfach weggelassen, weil mit diesem Schlagwort zuviel Schindluder
getrieben wird. Denn wer immer uns erzählt, daß morgen schon kein
Geld für die Renten mehr vorhanden ist und wir übermorgen ein
überaltertes Gemeinwesen mit Millionen mittelloser und unterversorgter
Pensionäre haben werden – der will meistens nur heute mit dieser
Rentenangst sein gutes Geschäft machen. Aber gerade wenn wir Geld in
Immobilien anlegen, ist das natürlich auch eine Vorsorge für das Alter.
Denn normalerweise kann jeder, der im sprichwörtlich „besten Alter"
Wohneigentum erwirbt, bis zum Erreichen des Rentenalters eine schul-
denfreie Immobilie sein Eigentum nennen. Wer beizeiten in Immobilien
investiert, schafft sich damit die beste Altersversorgung. Alle Alternati-
ven schneiden schlechter ab. Darauf hatten wir bereits bei der Betrach-
tung der Wertentwicklung von unterschiedlichen Anlagen gleich zu
Anfang dieses Buches hingewiesen.

Eine Anlageform, für die sich fast alle berufstätigen Bundesbürger fast automatisch irgendwann mal entschieden haben und seitdem monatlich brav ihre Prämien einzahlen, haben wir allerdings in dem erwähnten Vergleich nicht berücksichtigt: die Lebensversicherung. Das sind diese Dinger, bei denen man jahrzehntelang zahlt, um dann zum 63. oder 65. Geburtstag einen Haufen Geld in die Hand zu bekommen. Doch im Vergleich zur selbstgenutzten Immobilie ist auch die Lebensversicherung eine ziemlich müde Alternative. Zwar rechnen die Gesellschaften (ein Kollege von uns hat mal gesagt, ihr Geschäft wäre der legale Betrug, ein anderer hat ihr Geschäft verglichen mit der offiziellen Lizenz zum Gelddrucken – aber nur zum Vorteil der Versicherungs-Aktionäre) immer gern vor, daß man zum Ablauf des Vertrages mit einer Verdoppelung der Versicherungssumme rechnen kann. Doch die Wahrheit sieht anders aus. Denn nominal, also rechnerisch, ergab sich 1990 (neuere Zahlen werden aus verständlichen Gründen unter Verschluß gehalten) eine jährliche Durchschnittsrendite von 5,4 Prozent auf die Beiträge (Laufzeit 25 Jahre). Und diese Rendite war steuerfrei. Doch real (also wirklich und um den Inflationsverlust bereinigt) brachten die Verträge nur noch eine Beitragsrendite von 2,3 Prozent auf die Uhr. Wer noch die in den vorherigen Absätzen genannte Verzinsung der Immobilienanlage im Hinterkopf hat, kann da nur müde gähnen. Also: Besser als eine Kapital-Lebensversicherung ist die Immobilien-Anlage allemal. Und am besten fährt der, der sein Geld in Immobilien anlegt und zusätzlich eine reine Risiko-Lebensversicherung abschließt. Das sind die Dinger, wo man pro 100.000 Mark Versicherungssumme zwischen zehn und 20 Mark Beitrag pro Monat bezahlt und die Erben das Geld bekommen (z. B. um Immobilienschulden abzuzahlen), wenn man vor dem vereinbarten Sterbetag das Zeitliche segnet. Tut man`s nicht, ist zwar das Geld verloren, aber man selbst noch am Leben. Und das ist ja auch gar nicht so verkehrt. Nun könnte natürlich jemand (und die Lebensversicherungen werden's in jedem Fall tun) das Argument anführen, so ein schöner Batzen Geld zum Ruhestand sei ja auch etwas sehr Feines. Zumal man sich ja sonst im Alter mit einem viel zu großen Haus belasten würde, wenn die Kinder ausgezogen wären. Stimmt. Aber da kann man ja zwei Fliegen mit einer

Klappe schlagen: Das zu große Haus wird verkauft, eine kleine Wohnung neu angeschafft, eventuell sogar in einer Senioren-Wohnanlage – und mit dem beim Verkauf übriggebliebenen Geld läßt sich trotzdem der Lebensabend noch ganz nett gestalten.

Nun haben wir in diesem Abschnitt zwar von der vergleichsweise mageren Nettorendite der Lebensversicherungen gesprochen. Deshalb sollten Sie aber nicht sofort Ihre Police kündigen. Erstens bringt das meistens böse Verluste, und zweitens kann einem die Lebensversicherung eventuell bei der Finanzierung eines Immobilienkaufs nützlich sein. Wir kommen deshalb noch einmal im Zusammenhang mit den Finanzierungsfragen auf Seite 159 darauf zurück.

Steuern sparen durch selbstgenutztes Wohneigentum: Der Finanzminister schenkt Ihnen ein Jahresgehalt

Am Rande haben wir es ja schon anklingen lassen: Zu allen bisher aufgezeigten Vorteilen, die eine Immobilie bietet, kommen auch noch Steuergeschenke des Staates. Und obwohl das Thema Steuern vielen Mitmenschen kleine grüne Streßpickel auf die Stirn treibt – wir können es Ihnen nicht ganz ersparen. Aber erstens machen wir es Ihnen so einfach wie möglich, das Dickicht der Steuervorschriften zu durchdringen – und zweitens versprechen wir Ihnen, daß es sich lohnt.

Denn es gibt eine wirklich interessante Faustregel:
- Wer verheiratet ist, zwei Kinder hat und weniger als 65.000 Mark Einkommen versteuert, bekommt beim Kauf einer neugebauten und selbstgenutzten Immobilie etwa ein Jahresgehalt vom Staat geschenkt.

So einfach diese Faustregel klingt – so umfangreich und manchmal kompliziert sind die Steuervorschriften im Detail. Wer sich nicht damit befassen will – was wir verstehen könnten –, der blättere deshalb gleich weiter bis zur

➜ Steuertabelle auf den Seiten 87/88, wo er den für sein Jahreseinkommen gültigen Steuerabzug ermitteln kann. Im Anschluß daran haben wir für die beiden wichtigsten Fälle Beispiele und sehr einfache Rechenmuster vorgegeben, mit denen Sie Ihre persönlichen Steuervorteile ermitteln können, und zwar die

➜ Musterrechnung für den Kauf eines selbstgenutzten Neubaus (Wohnung oder Haus) ab Seite 88 sowie die

➜ Musterrechnung für den Kauf eines selbstgenutzten Altbaus (Wohnung oder Haus) ab Seite 93.

Wem diese Rechenmuster nicht ausreichen, dem wollen wir die Vorschriften auf den folgenden Seiten ausführlich erläutern.

Das Zauberwort heisst Paragraph 10 e

Vielleicht haben Sie schon einmal etwas vom Paragraphen 10 e gehört –
wenn nicht, so läßt er sich schnell erklären: Er steht im Einkommensteuergesetz und soll breiten Bevölkerungsschichten dabei helfen, Wohneigentum zu bilden. Ausgenommen sind allerdings Besserverdiener. Wer
unverheiratet ist und über ein zu versteuerndes Jahreseinkommen von
mehr als 120.000 Mark verfügt, bekommt erheblich weniger Steuervorteile gewährt. Gleiches gilt für Ehepaare, deren zu versteuerndes Jahreseinkommen über 240.000 Mark liegt. Oft läßt sich aber das zu versteuernde Jahreseinkommen unter diese Sätze drücken. Eine Möglichkeit ist
der einige Seiten weiter beschriebene Kauf oder Bau eines Einfamilienhauses mit Einliegerwohnung (außerdem können Besserverdiener ihr
Einkommen durch den Kauf von Wertpapieren auf Kredit oder die Betei-
ligung an einem geschlossenen Immobilienfonds unter die Höchstgrenzen
des § 10 e drücken – im Einzelfall empfehlen wir aber allen Besserverdienern den Gang zum Steuerberater).

Normalverdiener müssen wegen der Einkommens-Höchstgrenzen kaum
irgendwelche Tricks anwenden. Allerdings sollten Sie darauf achten, daß
während der achtjährigen Förderungsdauer von selbstgenutztem Eigentum das zu versteuernde Jahreseinkommen nicht über die genannten
Höchstgrenzen rutscht.

Denn: Auch wenn das Finanzamt die Abschreibungen nach § 10 e
zunächst anerkannt hat, fallen die Steuervorteile sofort weg, sobald Ihr
Einkommen in einem der folgenden Jahre die genannten Höchstbeträge
übersteigt.

Solange Bauherren oder Käufer unterhalb der Einkommensgrenzen von
120.000 bzw. 240.000 Mark bleiben, bringen die ersten acht Jahre nach
dem Bau bzw. der Anschaffung einer selbstgenutzten Immobilie eine
Vielzahl von Steuererleichterungen:

Die Grundförderung erlaubt es, bei Neubauten über einen Zeitraum von
acht Jahren hinweg insgesamt bis zu 145.000 Mark vom zu versteuernden Einkommen abzuziehen. Bei Altbauten sind es jedoch nur maximal
66.000 Mark. Wieviel in jedem Einzelfall von der Maximalsumme

berücksichtigt werden kann, hängt von den Anschaffungs- und Herstellungskosten des Hauses oder der Wohnung ab.

Allerdings erkennt das Finanzamt nur
- die reinen Gebäudekosten in voller Höhe als Anschaffungs- und Herstellungskosten an,
- die reinen oder anteiligen Grundstückskosten dagegen werden lediglich zur Hälfte anerkannt. Beispiel: Wer eine Eigentumswohnung zum Pauschalpreis von 300.000 Mark kauft, dem zieht das Finanzamt normalerweise 20 Prozent der Gesamtsumme als Grundstücksanteil ab – also 60.000 Mark. Und von diesem Betrag darf wiederum nur die Hälfte bei Anschaffungs- und Herstellungskosten berücksichtigt werden – also 30.000 Mark. Kritiker könnten uns jetzt hier und in den später folgenden Modellrechnungen vorwerfen, wir würden die Sache unnötig komplizieren und könnten doch gleich immer von zehn Prozent der Gesamtkosten als anrechenbare Grundstückskosten sprechen – aber so geht's nicht. Denn dieser Satz von zehn Prozent gilt nur für unsere Modellrechnungen und beim pauschalierten Ermitteln der Grundstückskosten. Ansonsten kann er mal ein bißchen höher oder niedriger liegen – wenn das Finanzamt in der jeweiligen Wohngegend zu einem anderen Grundstückskostenanteil kommt oder wenn statt der pauschalierten Kosten exakt ausgewiesene Beträge zu verwenden sind.

Weil der Staat nicht den Bau bzw. Erwerb von Luxusvillen unterstützen will, werden die Anschaffungs- und Herstellungskosten nur bis zu einem Maximalbetrag von 330.000 Mark (bei Neubauten) bzw. 150.000 Mark (bei Altbauten) berücksichtigt. Natürlich kann man mehr ausgeben, aber jede über dieser Grenze liegende Mark bleibt vom Finanzamt unberücksichtigt.

Innerhalb der ersten vier Jahre erkennt das Finanzamt von den Anschaffungs- und Herstellungskosten jeweils sechs Prozent an – also bei Neubauten maximal 19.800 Mark pro Jahr (das sind dann nämlich sechs Prozent des Höchstbetrages von 330.000 Mark). Bei Altbauten sind es dementsprechend maximal 9.000 Mark in den ersten vier Jahren (sechs Prozent von 150.000 Mark). Im fünften bis achten Jahr reduziert sich der Betrag auf jeweils fünf Prozent der Anschaffungs- und Herstellungskosten. Bei Neubauten sind es dann maximal noch 16.500 Mark, die pro Jahr vom zu versteuernden Einkommen abgezogen werden dürfen. Bei Altbauten sind es sogar nur noch 7.500 Mark pro Jahr.

Nun kann, wenn ein Ehepaar zum Beispiel weniger als 45.000 Mark pro Jahr versteuert, die Grundförderung bei einem Neubau (seltener bei Altbauten) zusammen mit den anderen Förderbeträgen (auf die wir gleich kommen) in den ersten Jahren höher sein kann als die Gesamtsumme der zu bezahlenden Steuern. Dann erlaubt das Finanzamt, daß alle nicht ausgenutzten Steuervorteile innerhalb des Achtjahres-Zeitraums nachgeholt werden. Im günstigsten Fall hat man also die Chance, acht Jahre lang gar keine Steuern bezahlen zu müssen.

Das wird für Vater Staat nicht ganz billig – und deshalb wird die Grundförderung (ebenso wie das ein Stückchen weiter hinten beschriebene Baukindergeld) jedem Steuerzahler (ob ledig oder verheiratet) nur einmal in seinem Leben gewährt. Im Finanzamtsdeutsch heißt das Objektbeschränkung. Und in der Praxis wirkt es sich so aus, daß Ehepaare zweimal Anspruch anmelden dürfen – aber es muß sich um zwei getrennte Objekte handeln. Am sinnvollsten läßt sich das ausnutzen, wenn nach Auslauf der Förderung des ersten selbstgenutzten Objekts dieses vermietet (oder verkauft) und ein neues angeschafft wird, für das wiederum die volle Förderung genutzt werden kann. Wer als Lediger seine Objektbeschränkung ausgenutzt hat und einen Partner heiratet, der dies noch nicht getan hat, profitiert von dessen noch nicht verbrauchter Objektbeschränkung.

Und dann gilt noch eine

• Sonderregelung für die neuen Bundesländer im Osten: Wer seine Grundförderung und sein Baukindergeld im Westen bereits ausgeschöpft hat, kann in den neuen Bundesländern nochmals ein neues selbstgenutztes Objekt gefördert bekommen – bei Einzug bis zum 31. 12. 1994. Die Bereitschaft, in den Osten umzuziehen, wird also mit einem großen Steuergeschenk belohnt.

Der Schuldzinsenabzug erlaubt es, neben der Grundförderung in den ersten drei Jahren nach dem Einzug zusätzlich jährlich bis zu 12.000 Mark vom zu versteuernden Einkommen abzuziehen. Allerdings gilt dies nur dann, wenn Haus oder Wohnung bis zum 31.12.1994 gekauft oder fertiggestellt werden. Und für die Anschaffung von Altbauten gibt es gar keinen Schuldzinsenabzug. Ein Beispiel: Wer eine Hypothek über 160.000 Mark zu einem Zinssatz von 8,5 Prozent aufnimmt und eine Tilgung von 1 Prozent vereinbart hat, muß pro Jahr insgesamt 14.400 Mark (Monatsrate 1.200 Mark) an die Bank überweisen. Dieser Betrag setzt sich im ersten Jahr zu 1.600 Mark aus Tilgung und 12.800 Mark aus Schuldzinsen zusammen. Und nur diese Schuldzinsen dürfen bis zu einem Betrag von 12.000 Mark vom zu versteuernden Einkommen abgezogen werden.

Das Baukindergeld wird wie die Grundförderung für einen Zeitraum von acht Jahren gewährt, bei Neubauten ebenso wie beim Kauf von Altbauten. Für jedes Kind sind es pro Jahr 1.000 Mark. Anders als bei den übrigen Vergünstigungen wird das Baukindergeld aber nicht vom zu versteuernden Einkommen, sondern direkt von der zu bezahlenden Steuerschuld abgezogen. Deshalb kommen – einkommensunabhängig – pro Kind und Jahr unterm Strich echte 1.000 Mark als Steuergeschenk heraus.

Der Vorkostenabzug erlaubt es, bei Alt- und Neubauten die schon vor dem Einzug (unbedingt wichtig!) angefallenen Reparatur- oder Finanzierungskosten als Sonderausgaben in voller Höhe vom Einkommen abzuziehen. In der Praxis bedeutet dies, daß schon vor Beginn des über acht Jahre laufenden Förderungzeitraumes schöne Steuergewinne herausgeholt werden können.

Zu diesen Vorkosten gehören unter anderem

- alle Kosten der Geldbeschaffung, also zum Beispiel ein Disagio (vorweggenommener Zinsabzug) oder auch Bereitstellungszinsen für Bau- oder Anschaffungs-Darlehen, wenn sie zur Immobilienfinanzierung dienen (also nicht für die neue Waschmaschine), Bearbeitungsgebühren des Geldinstituts oder Abschlußgebühren für Bausparverträge;

- alle Nebenkosten der Geldbeschaffung, zum Beispiel Notargebühren für die Grundschuldbestellungen, Gutachterhonorare für die Wertschätzung eines Altbaus sowie

- vor dem Einzug anfallende Grundstücks-Nebenkosten. Abgesetzt werden können also nicht die bis zum Einzug schon bezahlten reinen Baukosten oder der Kaufpreis für das Grundstück selbst – beides zählt nämlich zu den Anschaffungs- und Herstellungskosten –, wohl aber die Grundsteuer.

- Versicherungsprämien zum Beispiel für eine Bau- oder Gebäudeversicherung sowie schon vor dem Einzug zu bezahlendes Wohngeld (bei Eigentumswohnungen) sind ebenfalls bei den Vorkosten absetzbar.

- Speziell bei Altbauten läßt sich der Vorkostenabzug geschickt ausnutzen, wenn Wohnung oder Haus vor dem Einzug renoviert oder sogar umgebaut werden. Allerdings dürfen die Reparatur-, Instandhaltungs- oder Renovierungskosten nicht höher als 20 Prozent der Anschaffungskosten sein – sonst erkennt das Finanzamt sie nicht mehr als Vorkosten an.

- Beim Kauf einer bisher nur gemieteten Wohnung ist für die Anerkennung der Vorkosten nicht der Einzug maßgeblich, sondern der im Kaufvertrag vereinbarte „Übergang der Lasten" oder auch „Lastwechsel". Wie eben schon für die anderen Altbauten beschrieben, sollten bis zu diesem Termin (so lange sind Sie noch Mieter) möglichst alle Umbau- oder Renovierungsarbeiten abgeschlossen und die Vorkosten der Finanzierung abgewickelt sein.

Kosten für ein Arbeitszimmer werden von manchen Haus- oder Wohnungsverkäufern oder von den Bauträgern gern als „absetzbar" bezeichnet, und manchmal machen diese geschäftstüchtigen Menschen dann tolle Rechnungen auf, bei denen das Arbeitszimmer die Gesamtkosten des Haus- oder Wohnungskaufes viel erträglicher aussehen läßt. Doch Vorsicht: Wer bisher noch nie ein Arbeitszimmer besessen bzw. steuerlich abgesetzt hat, der fällt beim Finanzamt sofort auf, wenn er dies erstmals im Zusammenhang mit Kauf oder Bau macht.

Deshalb sollte man wissen, daß ein Arbeitszimmer nicht bei jedem anerkannt wird:

- Wer zum Beispiel nur als Angestellter oder Arbeiter in untergeordne-
ter Position bei einem Großkonzern angestellt ist, hat kaum Chancen,
daß sein Arbeitszimmer anerkannt wird.
- Freiberufler, z. B. Rechtsanwälte, Ärzte oder Journalisten, leitende
Angestellte oder auch Lehrer, also alle, bei denen man davon ausgehen kann, daß sie zumindest einen Teil ihrer Arbeit auch zu Hause
erledigen müssen, haben bessere Chancen.

Nun macht es aber wenig Sinn, dem Finanzamt ein Arbeitszimmer vor-
zugaukeln, hinter welchem sich tatsächlich ein Gäste- oder Kinderzim-
mer verbirgt. Denn obwohl die Finanzämter unter Arbeitsüberlastung
leiden, werden bei Arbeitszimmern gern mal Stichproben gemacht. Es
kann also gut vorkommen, daß sich ein Kontrolleur nach vorheriger
Anmeldung das Zimmer zeigen läßt.

Und dann wird auf folgende Punkte geachtet:

- Die Einrichtung muß tatsächlich auf eine ausschließliche Benutzung
als Arbeitszimmer schließen lassen, eine Schlafcouch, ein Kleider-
schrank oder eine Bastelecke im Arbeitszimmer sprechen sofort
gegen die Anerkennung.
- Die Abtrennung des Arbeitszimmers von allen anderen Räumen der
Wohnung muß eindeutig sein, eine Abtrennung durch einen Vorhang
oder durch eine Schrankwand läßt das Finanzamt nicht gelten.
Außerdem darf das Arbeitszimmer kein Durchgangszimmer sein, eine Arbeitsecke auf dem Flur also wird nicht steuerlich gefördert.
- Die Größe des Arbeitszimmers muß in einem dem Finanzamt plausi-
bel erscheinenden Verhältnis zur Gesamtwohnfläche stehen. Wer mit
seiner fünfköpfigen Familie in einer 100-Quadratmeter-Wohnung
leben und ein 25 Quadratmeter großes Arbeitszimmer absetzen will,
wirkt wenig glaubhaft. Es gibt zwar keine festen Regeln für die
erlaubte Größe des Arbeitszimmers im Verhältnis zur Gesamtwohnfläche. Aber kein Finanzbeamter ist so weltfremd zu glauben, daß
sich drei Kinder ein Zimmer teilen, nur damit Papa ein 25 Quadratmeter großes Arbeitszimmer benutzen kann.

Selbst dann, wenn die Voraussetzungen für die Anerkennung eines Arbeitszimmers erfüllt werden, muß der Nutzen in jedem Einzelfall durchgerechnet werden. Angenommen, der Käufer oder Bauherr gibt 300.000 Mark für eine Eigentumswohnung mit 110 Quadratmetern aus, und das Arbeitszimmer hat eine Grundfläche von zehn Quadratmetern (entspricht 9,1 Prozent der Gesamtfläche), muß er zunächst einmal die normale Berechnungsgrundlage für die Förderung nach § 10e ermitteln und dann die um den Anteil des Arbeitszimmers verringerte Berechnungsgrundlage:

Gesamtkosten für eine 110 m² große Eigentumswohnung	300.000 DM
davon reine Gebäudekosten	240.000 DM
¹/₂ der Grundstückskosten	+ 30.000 DM
NORMALE BERECHNUNGSGRUNDLAGE (SUMME ANSCHAFFUNGS- UND HERSTELLUNGSKOSTEN)	270.000 DM
abzüglich Anteil des Arbeitszimmers (= 9,1% von 270.000 DM)	− 24.570 DM
NEUE BERECHNUNGSGRUNDLAGE FÜR § 10e	245.430 DM

Statt 16.200 Mark (6% von 270.000 Mark) können über § 10e in den ersten vier Jahren nur 14.726 Mark (6% von 245.430 Mark) und in den nächsten vier Jahren nur 12.271 Mark (statt 13.500 Mark) abgeschrieben werden. Dafür dürfen zusätzlich zu diesen verringerten § 10e-Beträgen zehn Jahre lang jeweils 1.092 Mark (entsprechen 5% der reinen Gebäudekosten, anteilig für das Arbeitszimmer, Grundstückskosten werden nicht berücksichtigt) als Werbungskosten in der Steuererklärung angegeben werden. Insgesamt ergibt das dann einen Betrag von 10.920 Mark, dafür werden aber auf 10.640 Mark bei der Abschreibung nach § 10e verzichtet – die Rechnung zeigt, daß zumindest in diesem Fall mit dem Arbeitszimmer keine Steuervorteile herauszuholen sind.
Also:
Seien Sie mißtrauisch, wenn Ihnen ein Verkäufer erzählt, Sie könnten beim Kauf oder Bau einer selbstgenutzten Immobilie mit einem Arbeitszimmer erhebliche Steuervorteile herausholen.

Ob diese Rechnung für Sie wirklich aufgeht, kann erst anhand des konkreten Einzelfalls überprüft werden. Glauben sollte man solchen Versprechungen nur, wenn man sich vorher beim Finanzamt (wegen der Anerkennung des Arbeitszimmers) oder beim Steuerberater (wegen der Berechnung der Ersparnis) erkundigt hat. Das gilt vor allem auch in den neuen Bundesländern, wo Arbeitszimmer in Neubauten (Fertigstellung nur noch innerhalb des Jahres 1994) mit einer 50prozentigen Sonderabschreibung gefördert werden.

Ein Einfamilienhaus mit Einliegerwohnung kann vor allem für Besserverdiener interessant sein, die normalerweise nicht mehr vom § 10e profitieren dürfen. Denn Sie haben die Möglichkeit, durch die vermietete Einliegerwonung steuerlich zu berücksichtigende Verluste aus Vermietung und Verpachtung zu erwirtschaften. Und obwohl allen Besserverdienern der Gang zum Steuerberater dringend empfohlen werden muß, wollen wir doch mal an einem Rechenbeispiel aufzeigen, wie sich so etwas in der Praxis auswirken kann:

Angenommen, ein Ehepaar mit zwei Kindern verfügt über ein zu versteuerndes Jahreseinkommen von 255.000 Mark – dann läge es bereits mit 15.000 Mark über der erlaubten Einkommensgrenze des § 10e. Statt des ursprünglichen Einfamilienhauses mit 120 Quadratmetern für 400.000 Mark baut die Familie ein größeres Einfamilienhaus mit einer 80 Quadratmeter großen Einliegerwohnung zum Preis von 550.000 Mark. Die Mehrkosten der Einliegerwohnung können pro Jahr zu sieben Prozent abgeschrieben werden, ebenso der auf die Wohnung entfallende Anteil an den Kreditzinsen (im Beispiel 8,5 % auf 150.000 Mark, entsprechend 12.750 Mark im Jahr). Und nun gilt folgende Rechnung:

Abschreibung der Wohnung (7 % von 150.000 Mark)	10.500
Schuldzinsen für die Wohnung	+ 12.750
Gegenrechnung Mieteinnahme	− 6.000
VERLUST AUS VERMIETUNG UND VERPACHTUNG	17.250
BISHERIGES JAHRESEINKOMMEN	255.000
abzüglich Verlust aus Vermietung und Verpachtung	− 17.250
NEUES JAHRESEINKOMMEN	237.750

Die Rechnung macht deutlich, daß sich Besserverdienende bei richtiger Wahl der Größe von eigener Wohnung und Einliegerwohnung trotz der entstehenden Mehrkosten erhebliche Vorteile verschaffen können, die nicht selten weit über 100.000 Mark liegen. Wichtig ist aber, daß bereits in der Planungsphase eine geschickte Abstimmung von Bau- und Finanzierungskosten auf das eigene Einkommen vorgenommen wird. Zur Sicherheit sollte man dies mit Hilfe eines Steuerberaters tun.

Wer als Normalverdiener ohnehin schon unter den Einkommens-Höchstgrenzen des § 10e liegt, kann durch den Bau von zwei Wohnungen unter einem Dach nur in Ausnahmefällen Vorteile herausholen. Abhängig ist dies zum Beispiel davon, ob die Wohnung möglicherweise von einem Familienmitglied oder einem unverheirateten Lebenspartner genutzt werden soll, der selbst die Objektbeschränkung des § 10e noch nicht verwendet hat. Wir verzichten darauf, Beispielrechnungen für solche Fälle vorzugeben, weil sie sich kaum auf die jeweilige Situation übertragen lassen. Wer gemeinsam mit Familienangehörigen oder – als Lediger – mit einem Lebenspartner Wohneigentum kaufen oder bauen will, sollte sich die für den Einzelfall gültige Rechnung von seinem Steuerberater aufstellen lassen.

Bevor Sie mit dem Rechnen beginnen: Schauen Sie hier nach, wieviel Steuern der Staat heute von Ihnen kassiert

Um zu erfahren, welche Steuervorteile mit selbstgenutztem oder vermietetem Wohneigentum herauszuholen sind, muß zunächst einmal festgestellt werden, wie hoch die augenblickliche Steuerbelastung tatsächlich ist. Das geht aus der für alle Steuerzahler verbindlichen Steuertabelle hervor. Die sogenannte Grundtabelle sagt, wieviel Steuern in Mark ein Lediger beim jeweiligen Einkommen zu bezahlen hat (Jahresbeträge). Die Splittingtabelle nennt den Steuersatz für Verheiratete, wobei nicht wichtig ist, wer von beiden wieviel zum steuerpflichtigen Jahreseinkommen beiträgt. In die folgende Übersicht haben wir sowohl die Grund- als auch die Splittingtabelle eingearbeitet. Sie finden den für Sie gültigen Steuerabzug, indem Sie links nach der Summe Ihres bisherigen Brutto-

Jahreseinkommens (eventuell auf- oder abrunden) suchen und dann in der dazugehörigen Spalte für Ledige oder Verheiratete den Betrag der zu zahlenden Steuer ablesen. Daneben haben wir die jeweils für das Einkommen geltenden Steuersätze (in Prozent) angegeben.

zu versteuerndes Jahreseinkommen	Steuer für Unverheiratete (nach Grundtabelle)		Steuer für Verheiratete (nach Splittingtabelle)	
	in Mark pro Jahr	Steuersatz in %	in Mark pro Jahr	Steuersatz in %
20.000	2.943	14,72	1.672	8,36
25.000	4.104	16,42	2.664	10,66
30.000	5.354	17,85	3.692	12,31
35.000	6.680	19,09	4.782	13,66
40.000	8.067	20,17	5.886	14,72
45.000	9.546	21,21	7.029	15,62
50.000	11.084	22,17	8.208	16,42
55.000	12.715	23,12	9.452	17,19
60.000	14.423	24,04	10.708	17,85
65.000	16.183	24,90	12.000	18,46
70.000	18.048	25,78	13.360	19,09
75.000	19.964	26,62	14.728	19,64
80.000	21.977	27,47	16.134	20,1
85.000	24.066	28,31	17.610	20,72
90.000	26.208	29,12	19.092	21,21
95.000	28.450	29,94	20.612	21,70
100.000	30.743	30,74	22.168	22,17
110.000	35.608	32,37	25.430	23,12
120.000	40.751	33,95	28.846	24,04
130.000	46.046	35,42	32.376	24,90
140.000	51.341	36,67	36.096	25,78
150.000	56.635	37,75	39.928	26,62
160.000	61.930	38,70	43.954	27,47
170.000	67.253	39,56	48.132	28,31
180.000	72.548	40,30	52.416	29,12

Fortsetzung Seite 88

zu versteuerndes Jahreseinkommen	Steuer für Unverheiratete (nach Grundtabelle)		Steuer für Verheiratete (nach Splittingtabelle)	
	in Mark pro Jahr	Steuersatz in %	in Mark pro Jahr	Steuersatz in %
190.000	77.843	40,97	56.900	29,94
200.000	83.137	41,57	61.486	30,74
210.000	88.432	42,11	66.274	31,55
220.000	93.755	42,61	71.216	32,37
230.000	99.050	43,06	76.256	33,15
240.000	104.345	43,47	81.507	33,96

So errechnen Sie Ihre Steuerersparnis
bei einem selbstgenutzten Neubau:

Das folgende Rechenmuster gilt nur für den Kauf bzw. Bau von einem Einfamilienhaus oder einer Eigentumswohnung im Jahr der Fertigstellung. Es ist wegen der Einkommensbegrenzungen des § 10e anwendbar bei einem Familieneinkommen bis 120.000 Mark (für Ledige) bzw. 240.000 Mark (für Verheiratete). Um Ihnen Anhaltspunkte zu geben, haben wir eine Musterrechnung bereits vorgegeben. Dabei sind wir davon ausgegangen, daß ein Ehepaar mit zwei Kindern eine Eigentumswohnung im Gesamtwert von 250.000 Mark erwirbt. Das Jahreseinkommen der Familie beträgt 110.000 Mark. Und innerhalb eines Zeitraumes von acht Jahren addieren sich für unsere Musterfamilie die Steuervorteile auf insgesamt 57.326 Mark.

	hier finden Sie die Beträge zu unserem Rechenbeispiel		hier ist Platz für Ihre eigenen Berechnungen	
RECHENSCHRITT 1: ERMITTLUNG DER ANRECHENBAREN KOSTEN	(nur als Gedächtnisstütze)	Ergebnisse	(nur als Gedächtnisstütze)	Ergebnisse
Gesamtkaufpreis	250.000			
KAUFPREIS/BAUKOSTEN OHNE GRUNDSTÜCK (wenn nicht separat ausgewiesen, Gesamtkaufpreis nehmen und 20% als Grundstücksanteil abziehen)		200.000		
GRUNDSTÜCKSKOSTEN (wenn nicht separat ausgewiesen, nehmen Sie 20% der Gesamtkosten, von denen wiederum nur die Hälfte angerechnet werden darf)	50.000 (zur Hälfte rechts eintragen ➜)	+ 25.000	(zur Hälfte rechts eintragen ➜)	
GESAMTE ERWERBS-NEBENKOSTEN (für Makler, Notar, Gericht und Grunderwerbsteuer — pauschal etwa acht Prozent der ganz oben angegebenen Summe des Gesamtkaufpreises)	20.000			
ERWERBS-NEBENKOSTEN NUR FÜR GRUNDSTÜCK (entweder echten Betrag oder 20% der gesamten Erwerbs-Nebenkosten einsetzen, von denen aber wiederum nur die Hälfte angerechnet werden darf)	4.000 (zur Hälfte rechts eintragen ➜)	+ 2.000	(zur Hälfte rechts eintragen ➜)	
ERWERBS-NEBENKOSTEN NUR FÜR KAUFPREIS/BAUKOSTEN ohne den aufs Grundstück entfallenden Anteil (im Beispiel also 20.000 Mark abzüglich 4.000 Mark)		+ 16.000		
❶ BEMESSUNGSGRUNDLAGE: vom Finanzamt anzuerkennende Anschaffungs- oder Herstellungskosten (maximal 330.000 DM, auch wenn Sie mehr bezahlt haben, fällt der darüberliegende Betrag unter den Tisch)		= 243.000		

Fortsetzung Seite 90

	hier finden Sie die Beträge zu unserem Rechenbeispiel		hier ist Platz für Ihre eigenen Berechnungen	
	(nur als Gedächtnisstütze)	Ergebnisse	(nur als Gedächtnisstütze)	Ergebnisse
RECHENSCHRITT 2: STEUERERSPARNIS IM ERSTEN BIS DRITTEN JAHR				
❷ GRUNDFÖRDERUNG: Tragen Sie 6% der von Ihnen unter ❶ ermittelten Bemessungsgrundlage ein (max. aber nur 6% von 330.000 DM = 19.800 DM)	14.580			
❸ SCHULDZINSENABZUG (nur bei Einzug bis Ende 1994 und nur für jedes der ersten drei Jahre, bei einer Hypothek über 160.000 DM zu 8% wären das z. B. 12.800 Mark — als Höchstbetrag werden aber nur 12.000 DM pro Jahr anerkannt)	12.000			
❹ GESAMTER JÄHRLICHER ABZUGSBETRAG im 1. bis 3. Jahr	26.580			
❺ BISHERIGES STEUERPFLICHTIGES JAHRESEINKOMMEN	110.000			
❻ VOR IMMOBILIENERWERB JÄHRLICH ZU ZAHLENDE STEUER (bitte aus der Steuertabelle für Ledige oder Verheiratete übernehmen, beim Beispiel von 110.000 DM für Verheiratete sind es 25.430 DM)		25.430		
Grundförderung und Schuldzinsenabzug auf das Einkommen anrechnen (Betrag von ❹)	− 26.580			
NEUES JAHRESEINKOMMEN (im Beispiel 110.000 DM abzüglich des unter ❹ ermittelten Betrages von 26.580 DM)	83.420			
DARAUF ZU ZAHLENDE STEUER (bitte aus der Steuertabelle für Ledige oder Verheiratete übernehmen, neues Einkommen zum nächsten Tabellenwert auf- oder abrunden, hier auf 85.000)		−17.610		

	hier finden Sie die Beträge zu unserem Rechenbeispiel		hier ist Platz für Ihre eigenen Berechnungen	
	(nur als Gedächtnisstütze)	Ergebnisse	(nur als Gedächtnisstütze)	Ergebnisse
❼ JÄHRLICHE STEUERERSPARNIS IM 1. BIS 3. JAHR FÜR BAUHERREN/ KÄUFER OHNE KINDER		= 7.820		
RECHENSCHRITT 3: ERMITTLUNG DES BAUKINDERGELDES (NUR FÜR BAUHERREN/KÄUFER MIT KINDERN)				
❽ 1.000 DM FÜR JEDES KIND von der Steuer abziehen (im Beispiel also 2.000 DM)		2.000		
STEUERERSPARNIS ohne Kinder aus ❼ eintragen		+7.820		
JÄHRLICHE GESAMT-STEUERERSPARNIS IM 1. BIS 3. JAHR		= 9.820		
RECHENSCHRITT 4: STEUERERSPARNIS IM 4. JAHR				
BISHERIGES STEUERPFLICHTIGES JAHRES-EINKOMMEN (wie ❺)	110.000			
VOR IMMOBILIENERWERB ZU ZAHLENDE STEUER (wie ❻)		25.430		
Grundförderung vom Einkommen abziehen (Schuldzinsenabzug entfällt im 4. Jahr, deshalb nur Betrag von ❷)	– 14.580			
NEUES STEUERPFLICHTIGES JAHRES-EINKOMMEN	95.420			
DARAUF ZU ZAHLENDE STEUER (bitte aus der Steuertabelle für Ledige oder Verheiratete übernehmen, neues Einkommen zum nächsten Tabellenwert auf- oder abrunden, hier auf 95.000)		– 20.612		
❾ STEUERERSPARNIS IM 4. JAHR FÜR BAUHERREN/KÄUFER OHNE KINDER		= 4.818		
BAUKINDERGELD berücksichtigen (wie ❽)		+ 2.000		
GESAMT-STEUERERSPARNIS IM 4. JAHR		= 6.818		

Fortsetzung Seite 92

	hier finden Sie die Beträge zu unserem Rechenbeispiel		hier ist Platz für Ihre eigenen Berechnungen	
	(nur als Gedächtnisstütze)	Ergebnisse	(nur als Gedächtnisstütze)	Ergebnisse
RECHENSCHRITT 5: STEUERERSPARNIS IM 5. BIS 8. JAHR				
BISHERIGES STEUERPFLICHTIGES JAHRES-EINKOMMEN (wie ❺)	110.000			
VOR IMMOBILIENERWERB ZU ZAHLENDE STEUER (wie ❻)		25.430		
GRUNDFÖRDERUNG ABZIEHEN (vorher neu berechnen, denn jetzt gibt es nur noch 5% – maximal aber nur 16.500 Mark – von den bei ❶ ermittelten Anschaffungs- und Herstellungskosten, im Beispiel also 5% von 243.000 DM)	–12.150			
NEUES STEUERPFLICHTIGES JAHRES-EINKOMMEN	97.850			
DARAUF ZU ZAHLENDE STEUER (bitte aus der Steuertabelle für Ledige oder Verheiratete übernehmen, neues Einkommen zum nächsten Tabellenwert auf- oder abrunden – hier auf 100.000)		–22.168		
❿ JÄHRLICHE STEUERERSPARNIS IM 5. BIS 8. JAHR FÜR BAUHERREN/ KÄUFER OHNE KINDER		= 3.262		
BAUKINDERGELD berücksichtigen (wie ❽)		+ 2.000		
JÄHRLICHE GESAMT-STEUERERSPARNIS IM 5. BIS 8. JAHR		= 5.262		

Gesamt-Steuerersparnis in den ersten acht Jahren		Ihr persönliches Ergebnis:
durch Grundförderung und Schuldzinsenabzug im 1. Jahr (Betrag unter **7**)	7.820	
durch Grundförderung und Schuldzinsenabzug im 2. Jahr (Betrag unter **7**)	+ 7.820	
durch Grundförderung und Schuldzinsenabzug im 3. Jahr (Betrag unter **7**)	+ 7.820	
durch Grundförderung 4. Jahr (Betrag unter **9**)	+ 4.818	
durch Grundförderung 5. Jahr (Betrag unter **10**)	+ 3.262	
durch Grundförderung 6. Jahr (Betrag unter **10**)	+ 3.262	
durch Grundförderung 7. Jahr (Betrag unter **10**)	+ 3.262	
durch Grundförderung 8. Jahr (Betrag unter **10**)	+ 3.262	
durch Baukindergeld (8 x Betrag unter **8**)	+ 16.000	
SUMME DER GESPARTEN STEUERN	57.326	

SO ERRECHNEN SIE IHRE
STEUERERSPARNIS BEI EINEM SELBSTGENUTZTEN ALTBAU:

Das folgende Rechenmuster gilt wegen der Einkommensbeschränkungen beim § 10e für den Kauf eines Einfamilienhauses oder einer Eigentumswohnung bei einem Familieneinkommen bis 120.000 Mark (für Ledige) bzw. 240.000 Mark (für Verheiratete). Um Ihnen für die eigene Berechnung Anhaltspunkte zu liefern, haben wir eine Musterrechnung vorgegeben. In diesem Fall sind wir davon ausgegangen, daß ein unverheirateter Steuerzahler (Jahreseinkommen 55.000 Mark) ohne Kinder (deshalb entfällt in unserer Musterrechnung das Baukindergeld) eine Eigentumswohnung zu einem Gesamtpreis von 148.000 Mark erwirbt. Er macht durch die ersparten Steuern einen Gewinn von 19.200 Mark.

	hier finden Sie die Beträge zu unserem Rechenbeispiel		hier ist Platz für Ihre eigenen Berechnungen	
RECHENSCHRITT 1: ERMITTLUNG DER ANRECHENBAREN KOSTEN	(nur als Gedächtnisstütze)	Ergebnisse	(nur als Gedächtnisstütze)	Ergebnisse
GESAMTKAUFPREIS	148.000			
KAUFPREIS/BAUKOSTEN OHNE GRUND-STÜCK (wenn nicht separat ausgewie-sen Gesamtkaufpreis nehmen und 20% als Grundstücksanteil abziehen)		118.400		
GRUNDSTÜCKSKOSTEN (wenn nicht separat ausgewiesen, nehmen Sie 20% der Gesamtkosten, von denen wiederum nur die Hälfte angerechnet werden darf)	29.600 (zur Hälfte rechts eintragen ➔)	+ 14.800	(zur Hälfte rechts eintragen ➔)	
GESAMTE ERWERBS-NEBENKOSTEN (für Makler, Notar, Gericht und Grunder-werbsteuer — pauschal etwa acht Prozent der ganz oben angegebenen Summe des Gesamtkaufpreises)	11.840			
ERWERBS-NEBENKOSTEN NUR FÜR GRUNDSTÜCK (entweder echten Betrag oder 20% der gesamten Erwerbs-Ne-benkosten einsetzen, von denen aber wiederum nur die Hälfte angerechnet werden darf)	2.368 (zur Hälfte rechts eintragen ➔)	+ 1.184	(zur Hälfte rechts eintragen ➔)	
ERWERBS-NEBENKOSTEN NUR FÜR KAUFPREIS/BAUKOSTEN ohne den aufs Grundstück entfallenden Anteil (im Beispiel also 11.840 Mark abzüglich 2.368 Mark)		+ 9.472		
❶ BEMESSUNGSGRUNDLAGE: vom Finanzamt anzuerkennende Anschaf-fungs- oder Herstellungskosten (maxi-mal 150.000 DM, auch wenn Sie mehr bezahlt haben, fällt der darüberliegen-de Betrag unter den Tisch)		= 143.856		

	hier finden Sie die Beträge zu unserem Rechenbeispiel		hier ist Platz für Ihre eigenen Berechnungen	
RECHENSCHRITT 2: STEUER-ERSPARNIS IM 1. BIS 4. JAHR	(nur als Gedächtnisstütze)	Ergebnisse	(nur als Gedächtnisstütze)	Ergebnisse
❷ BISHERIGES STEUERPFLICHTIGES JAHRESEINKOMMEN	55.000			
❸ VOR IMMOBILIENERWERB JÄHRLICH ZU ZAHLENDE STEUER (bitte aus der Steuertabelle für Ledige oder Verheiratete übernehmen, Einkommen zum nächsten Tabellenwert auf- oder abrunden, beim Beispiel von 55.000 DM für Ledige sind es 12.715 DM)		12.715		
❹ GRUNDFÖRDERUNG VOM EINKOMMEN ABZIEHEN: Tragen Sie 6% Ihrer bei ❶ ermittelten Bemessungsgrundlage ein (maximal aber nur 6% von 150.000 DM = 9.000 DM, auch wenn ein höherer Betrag herauskommt, dürfen Sie hier nur die 9.000 DM eintragen)	− 8.631			
NEUES JAHRESEINKOMMEN (im Beispiel 55.000 DM abzüglich des unter ❹ ermittelten Betrages von 8.631 DM)	46.369			
DARAUF ZU ZAHLENDE STEUER (bitte aus der Steuertabelle für Ledige oder Verheiratete übernehmen, neues Einkommen zum nächsten Tabellenwert auf- oder abrunden, hier auf 45.000 für Ledige)		9.546		
❺ JÄHRLICHE STEUERERSPARNIS IM 1. BIS 4. JAHR FÜR BAUHERREN / KÄUFER OHNE KINDER		= 3.169		
❻ BAUKINDERGELD (für jedes Kind 1.000 Mark einsetzen, im Beispiel also kein Baukindergeld)				
JÄHRLICHE GESAMT-STEUERERSPARNIS IM 1. BIS 4. JAHR		= 3.169		

Fortsetzung Seite 96

RECHENSCHRITT 3: STEUERERSPARNIS IM 5. BIS 8. JAHR	hier finden Sie die Beträge zu unserem Rechenbeispiel (nur als Gedächtnisstütze)	Ergebnisse	hier ist Platz für Ihre eigenen Berechnungen (nur als Gedächtnisstütze)	Ergebnisse
BISHERIGES STEUERPFLICHTIGES JAHRES-EINKOMMEN (wie ❷)	55.000			
VOR IMMOBILIENERWERB ZU ZAHLENDE STEUER (wie ❸)		12.715		
GRUNDFÖRDERUNG ABZIEHEN (vorher neu berechnen, denn jetzt gibt es nur noch 5% von den bei ❶ ermittelten Anschaffungs- und Herstellungskosten, im Beispiel also 5% von 143.856 DM, als Höchstbetrag dürfen 7.500 DM eingesetzt werden, alles Darübergehende fällt unter den Tisch)	– 7.193			
NEUES STEUERPFLICHTIGES JAHRES-EINKOMMEN	47.807			
DARAUF ZU ZAHLENDE STEUER (bitte aus der Steuertabelle für Ledige oder Verheiratete übernehmen, neues Einkommen zum nächsten Tabellenwert auf- oder abrunden – hier auf 50.000 für Ledige)		11.084		
❼ JÄHRLICHE STEUERERSPARNIS IM 5. BIS 8. JAHR FÜR BAUHERREN/KÄUFER OHNE KINDER		= 1.631		
BAUKINDERGELD berücksichtigen (wie ❻, im Beispiel also kein Baukindergeld)				
JÄHRLICHE GESAMT-STEUERERSPARNIS IM 5. BIS 8. JAHR		= 1.631		

Gesamt-Steuersparnis in den ersten acht Jahren		Ihr persönliches Ergebnis:
durch Grundförderung im 1. Jahr (Betrag unter ⑤)	3.169	
durch Grundförderung im 2. Jahr (Betrag unter ⑤)	+ 3.169	
durch Grundförderung im 3. Jahr (Betrag unter ⑤)	+ 3.169	
durch Grundförderung im 4. Jahr (Betrag unter ⑤)	+ 3.169	
durch Grundförderung im 5. Jahr (Betrag unter ⑦)	+ 1.631	
durch Grundförderung im 6. Jahr (Betrag unter ⑦)	+ 1.631	
durch Grundförderung im 7. Jahr (Betrag unter ⑦)	+ 1.631	
durch Grundförderung im 8. Jahr (Betrag unter ⑦)	+ 1.631	
durch Baukindergeld im 1. bis 8. Jahr (8 x Betrag unter ⑥)		
SUMME DER GESPARTEN STEUERN	**19.200**	

Steuern sparen durch vermietete Immobilien: Der Finanzminister spendiert das Eigenkapital

Schon auf den ersten Seiten dieses Buches hatten wir vorgerechnet, daß sich durch Wertsteigerung, Inflationssicherheit und Mieteinnahmen mit einer Geldanlage in Immobilien höhere Gewinne als mit anderen risikolosen Anlagen erwirtschaften lassen. Das Geschäft mit vermieteten Immobilien wird aber noch lohnender, wenn man zusätzlich die steuerlichen Gewinne berücksichtigt.

Denn um den Mangel an Mietwohnungen zu verringern, hat der Staat eine ganze Reihe von steuerlichen Anreizen für Investoren geschaffen, die neuen Wohnraum bauen. Deshalb gilt – wie auch bei den selbstgenutzten Immobilien – eine unterschiedliche Steuerregelung für den Kauf neugebauter und alter Immobilien. Und unter dem Gesichtspunkt der Steuerersparnis ist lediglich der Kauf von Neubau-Eigentumswohnungen interessant. Welche Steuervorteile dabei zu erzielen sind und welche Ergebnisse über einen Betrachtungszeitraum von zehn Jahren mit verschiedenen Anlagemodellen gewonnen werden können, zeigen wir anhand von sieben verschiedenen

➜ Beispielrechnungen für Neubau-Eigentumswohnungen ab Seite 105.
Wer sich nicht durch die steuerlichen Vorschriften kämpfen will, der schlage gleich dort nach. Denn die Zahlen sprechen eine deutliche Sprache. Wen aber interessiert, was da eigentlich wie und wann von der Steuer abgezogen werden darf, der findet jetzt gleich in den folgenden Abschnitten die entsprechenden Erklärungen.

Was das Finanzamt von Ihnen wissen will:
Grundsätzlich muß jeder Eigentümer einer vermieteten Immobilie für das Finanzamt einen Vordruck ausfüllen, in dem er seine Gewinne bzw. Verluste aus Vermietung und Verpachtung angibt. Und es sind zur Hauptsache immer zwei völlig verschiedene Rechenpositionen, die sich bei Mietwohnungen auf die Steuerzahlungen des Besitzers auswirken.

Das erste Zauberwort heißt Unterdeckung:

Darunter versteht man den sich aus der Differenz zwischen Mieteinnahmen einerseits und Kreditzinsen sowie Kosten der Instandhaltung und Verwaltung andererseits ergebenden Fehlbetrag. Sie haben ganz richtig gelesen: Mit Fehlbetrag meinen wir rote Zahlen, ein Minus. Denn nur das macht überhaupt Sinn, zumindest fürs Finanzamt. Wenn wir nämlich statt roter Zahlen schwarze produzieren, haben wir diese Summe als Einnahme zusätzlich zu versteuern. Statt unsere Steuern zu senken, zahlen wir mehr als bisher.

Nun könnte sogar das Sinn machen – aber nur dann, wenn man Dagobert Duck heißt und von einem bundesdeutschen Finanzamt zur Einkommensteuer veranlagt wird. Denn mit Hilfe eines guten Steuerberaters kann es gelingen, den Überschuß, sprich den Gewinn aus Mieteinnahmen nach Abzug von Kreditzinsen und Verwaltungs- bzw. Instandhaltungskosten, so auszugleichen, daß die Einnahmen aus der Immobilienanlage immer noch geringer besteuert werden, als das bei der Vermögenssteuer (auf die Goldberge in Onkel Dagoberts Geldspeichern) und der Kapitalertragsteuer (auf alle Zinsen) der Fall ist. Aber auf diesen Fall wollen wir nicht näher eingehen. Unseren Lesern, die ihr Vermögen mit dem von Duck vergleichen können, raten wir statt dessen zur Festanstellung von drei Steuerberatern. Die Jungs werden gut zu tun haben. Und wir können uns wieder auf die normalen Leser (und Verdiener) konzentrieren.

Und für alle diese macht es keinen Sinn, einen Überschuß zu erwirtschaften, sondern wir streben die Unterdeckung ganz bewußt an. Warum, das erklärt eine Musterrechnung, der kein echter Fall zugrunde liegt, sondern die nur der Veranschaulichung dienen soll:

Rechenbeispiel für die Unterdeckung:

Angenommen, wir kaufen eine Wohnung, bei der das Finanzamt 200.000 Mark als Baukosten anerkennt. Die Mieteinnahme kalkulieren wir mit 12.000 Mark pro Jahr, die Verwaltungs- und Instandhaltungskosten auf 1.200 Mark pro Jahr und die Kreditkosten (8 % auf 200.000 Mark) mit 16.000 Mark pro Jahr.

Daraus ergibt sich folgende Zusammenstellung der Jahresbeträge:

Mieteinnahme	12.000 Mark
Verwaltungs- und Instandhaltungskosten	− 1.200 Mark
Kreditkosten	− 16.000 Mark
Unterdeckung	**− 5.200 Mark**

Beim Blick auf dieses Jahresminus blutet zwar jedes Kaufmannsherz – aber das des Immobilien-Investors beginnt vor Freude zu hüpfen. Denn von dieser Unterdeckung gibt es – je nach Steuersatz – bis zur Hälfte vom Finanzamt zurück. Doch damit nicht genug. Denn wir haben bisher noch gar nicht die zweite Rechenposition berücksichtigt, die in unsere Aufrechnung des Gewinns oder Verlusts aus Vermietung und Verpachtung eingeht.

Das zweite Zauberwort heißt Abschreibung:
Bei dieser zweiten Rechenposition in unserer Aufstellung von Gewinn oder Verlust aus Vermietung steht immer ein Minuszeichen davor. Mit jeder Mark, die wir mehr abschreiben dürfen, erhöht sich also unser Verlust aus Vermietung und Verpachtung – und damit auch die Summe des zu erzielenden Steuergewinns. Allerdings sind die Abschreibungsmöglichkeiten bei Alt- und Neubauten unterschiedlich. Und weil es sich zwar weniger lohnt, andererseits aber schneller erklärt ist, kommen wir zunächst mal zu den Immobilien, bei denen der Mörtel zwischen den Steinen schon ein paar Jahre getrocknet ist.

DIE ABSCHREIBUNG VON ALTBAUTEN: HIER KNAUSERT DER FINANZMINISTER

Nur jährlich zwei Prozent der Anschaffungskosten (Gesamtpreis ohne Grundstücksanteil) dürfen abgeschrieben und als Werbungskosten geltend gemacht werden.
Absetzung für Abnutzung, kurz AfA, nennt man diese lineare (weil über alle Jahre gleichbleibende) Abschreibungsmöglichkeit. Und sie bringt uns

– verglichen mit den Abschreibungen bei Neubauten – nur ein Taschengeld. In dem oben aufgezeigten Rechenbeispiel könnte also bei Anschaffungskosten von 200.000 Mark lediglich ein Jahresbetrag von 4.000 Mark als AfA eingetragen werden.

Dann sieht die Rechnung so aus:

Mieteinnahme	12.000 Mark
Verwaltungs- und Instandhaltungskosten	– 1.200 Mark
Kreditkosten	– 16.000 Mark
Unterdeckung	– 5.200 Mark
Abschreibung (AfA, 2% der Anschaffungskosten)	– 4.000 Mark
Verlust aus Vermietung und Verpachtung	9.200 Mark

Nun wird es zumindest noch ein bißchen interessant mit der Steuerersparnis. Denn wer 9.200 Mark als Verlust aus Vermietung und Verpachtung geltend machen kann, holt beim Spitzensteuersatz von 50 Prozent schon fast 5.000 Mark echte Steuerersparnis heraus, bei einem Steuersatz von 30 Prozent (das entspricht einem Monatseinkommen von 8.000 Mark bei Ledigen) sind es rund 3.000 Mark im Jahr. Und wenn dieses Geld jetzt zur Tilgung des aufgenommenen Darlehens (200.000 Mark) verwendet wird, wäre ohne eigene Belastung bereits eine jährliche Tilgungsrate von 1,5 Prozent möglich (Mindesttilgung normalerweise 1 Prozent).

Nun ist diese Rechnung bewußt einfach gehalten – es kam uns eher auf die Darstellung der Rechenweise als auf die Fragen an, ob tatsächlich mit dieser Mieteinnahme bzw. diesen Verwaltungs- und Instandhaltungskosten zu kalkulieren ist. Und auch bei den Finanzierungskonditionen haben wir ausnahmsweise mal alles „glatt" gerechnet. In der Praxis sehen diese Rechnungen für Altbauten oft schon wegen der höheren Instandhaltungskosten anders aus. Und ein richtig gutes Geschäft kommt für den Investor selten dabei heraus.

Die Anschaffung einer Altbauwohnung lohnt sich eigentlich nur dann,

- wenn (etwa durch eine geplante Änderung des Wohnumfeldes, z. B. absolute Verkehrsberuhigung oder Ausweisung eines Naturschutzgebietes gleich hinter der Grundstücksgrenze) ein erheblicher Wertzuwachs zu erwarten ist,
- die Wohnung durch glückliche Umstände (z. B. innerhalb der Familie oder bei einem Notverkauf) zu einem erheblich unter dem Verkehrswert liegenden Preis erworben werden kann oder
- wenn bereits ein größeres Vermögen vorhanden ist und es durch einen sorgfältigen Abgleich von Mieteinnahmen und Eigenkapitaleinsatz gelingt, die bei einer anderen Anlage zu zahlende Kapitalertragsteuer zu vermeiden.

Insgesamt und für die Mehrzahl aller Anleger aber ist es viel interessanter, das gleiche Geld in eine Neubauwohnung zu investieren. Denn da geht es so richtig zur Sache.

Die Abschreibung von Neubauten: Der Finanzminister schlüpft in die Spendierhosen

Hier dürfen wir dem Staat mal wieder so richtig in die Tasche greifen. Denn Steuergeschenke sind der Dank für jeden, der durch Immobilien-Investitionen die Wohnungsmisere zu verbessern hilft. Und den Begriff Geschenke darf man dabei wörtlich nehmen.

Denn zur Vermietung bestimmte Neubauten können bei Erwerb im Jahr der Fertigstellung

- vier Jahre lang mit jeweils sieben Prozent der Baukosten vom zu versteuernden Einkommen abgeschrieben werden, danach
- sechs Jahre lang mit fünf Prozent der Baukosten, anschließend
- sechs Jahre lang mit zwei Prozent und weitere
- 24 Jahre lang mit 1,25 Prozent.

In den neuen östlichen Bundesländern ist der Fiskus noch großzügiger, wenn es sich bei dem Objekt um einen bis zum 31.12. 1996 erstellten Neubau handelt. Da sind innerhalb der ersten fünf Jahre

- 50 Prozent Sonderabschreibung zulässig, und zwar zusätzlich zur normalen

- zweiprozentigen Abschreibung für die ersten fünf Jahre, danach darf der Rest des Anschaffungspreises (ohne Grundstück)
- 45 Jahre lang mit 2,2 Prozent abgeschrieben werden.

Wenn wir diese Abschreibungen jetzt noch einmal mit unserer eingangs schon aufgemachten Musterrechnung kombinieren, wird der Umfang dieser Steuergeschenke richtig deutlich.

Neubau West 1. Jahr

Mieteinnahme	12.000 Mark
Verwaltungs- und Instandhaltungskosten	− 1.200 Mark
Kreditkosten	− 16.000 Mark
Unterdeckung	− 5.200 Mark
Abschreibung (7 % der Anschaffungskosten)	− 14.000 Mark
Verlust aus Vermietung und Verpachtung	19.200 Mark

Neubau Ost 1. Jahr

Mieteinnahme	12.000 Mark
Verwaltungs- und Instandhaltungskosten	− 1.200 Mark
Kreditkosten	− 16.000 Mark
Unterdeckung	− 5.200 Mark
Abschreibung (50 % Sonderabschreibung)	− 100.000 Mark
Verlust aus Vermietung und Verpachtung	105.200 Mark

Noch einmal wiederholen wir unsere Bitte, hier nicht so sehr auf die konkreten Beträge, sondern auf das Prinzip der steuerlichen Förderung zu achten. Dabei wird nämlich klar: Der Anleger im Westen erhält (bei einem Steuersatz von 50 Prozent) ein echtes Steuergeschenk von fast 10.000 Mark, der im Osten von rund 50.000 Mark. Damit wird es zumindest im Osten möglich, den gesamten Einsatz von Eigenkapital innerhalb von einem Jahr zurückzubekommen. Allerdings macht es gerade für Besserverdienende viel mehr Sinn, die Sonderabschreibung über den erlaubten Zeitraum von fünf Jahren zu verteilen, um damit auf Dauer den Höchststeuersatz zu brechen.

Nun ist es natürlich wenig sinnvoll, beim Immobilienkauf als Geldanlage nur das erste Jahr zu betrachten. Sinnvoller wäre ein Zeitraum von zum Beispiel zehn Jahren – auch wegen der Wertentwicklung. Und das wollen wir jetzt tun.

Die Musterrechnungen für vermietete Immobilien: Auch wer vorsichtig ist, macht ein tolles Geschäft

Auf den folgenden Seiten haben wir für Sie sieben Beispiele durchgerechnet, mit unterschiedlichen Wohnungsgrößen, Kaufpreisen und für Steuersätze von 30 bis 50 Prozent. Und der dabei ermittelte Ertrag ist im Einzelfall noch weit zu übertreffen, wenn Eigenkapitaleinsatz und Steuerbelastung optimal aufeinander abgestimmt werden. Das sollte man anhand der persönlichen Situation mit einem Steuerberater tun – sein Honorar macht sich schnell wieder bezahlt.

Eine Unterteilung nach Immobilien im Osten oder Westen wurde in den Musterrechnungen von uns bewußt nicht vorgenommen. Denn der über einen Zeitraum von zehn Jahren zu erzielende Ertrag läßt aus heutiger Sicht zwar die Investition im Osten (wegen der Steuervorteile) besser abschneiden als die im Westen. Dafür sind dort die Wertsteigerung und die Entwicklung der Mieten, vor allem die Vermietbarkeit vergleichsweise teurer Neubauten, kaum seriös einzuschätzen. Wer in eine Ost-Immobilie investieren will, sollte deshalb vorsichtshalber nur mit den gleichen, eventuell etwas höheren Erträgen wie in den jetzt folgenden West-Beispielen kalkulieren. Wenn's besser ausgeht, kann man sich später immer noch darüber freuen.

Auf die Einbeziehung einer Mietsteigerung haben wir bewußt verzichtet, weil wir die Ergebnisse auf keinen Fall „schönrechnen" wollten. Statt dessen wurde nur ein Wertzuwachs der Immobilie von 3 Prozent pro Jahr beim Verkaufserlös nach zehn Jahren berücksichtigt. Aus dem gleichen Grund haben wir das Eigenkapital mit 20 Prozent angesetzt – obwohl normalerweise mit geringerem Eigenkapital gearbeitet wird und werden sollte. Aber uns kam es auf eine sehr solide Rechnung an.

Das war für uns auch der Grund, die Verwendung eines Bausparvertrages mit hineinzurechnen. Denn der Immobilienkauf zur Vermietung ist eine hervorragende Möglichkeit, einen ansonsten ungenutzt liegenden Bausparvertrag doch noch sinnvoll einzusetzen. Wir sind in den Rechnungen davon ausgegangen, daß der Bausparvertrag mit 50 Prozent angespart und zuteilungsreif ist.

Wer weniger Eigenkapital und keinen Bausparvertrag verwenden will, müßte die Hypothek entsprechend höher ansetzen – am Gesamtergebnis ändert sich dadurch aber nur vergleichsweise wenig, denn es müssen höhere Kreditzinsen einkalkuliert werden, das führt aber gleichzeitig zu einer höheren Steuerersparnis.

Die nach zehn Jahren noch abzulösende Restschuld bezieht sich in allen Beispielen nur auf die Hypothek, denn das Bauspardarlehen wird innerhalb der ersten sieben Jahre voll getilgt. Wird statt des Bauspardarlehens eine höhere Hypothek eingesetzt, läßt sich zwar der Netto-Finanzierungsaufwand (also der laufende Zuschuß für die Differenz zwischen Mieteinnahmen und Gesamtausgaben während des zehnjährigen Betrachtungszeitraumes) verringern bzw. ganz vermeiden. Dann müßte aber beim Verkauf eine höhere Rest-Darlehensschuld vom Erlös abgezogen werden.

Die Musterrechnungen in der Übersicht:

zugehörige Einzelrechnung	Steuersatz des Anlegers	Kaufpreis der Wohnung (incl. 10% Grundstücksanteil)	Gesamtgewinn (incl. Steuerersparnis) bei Verkauf nach 10 Jahren
Beispiel 1	30%	150.000 DM	75.342 DM
Beispiel 2	30%	200.000 DM	96.409 DM
Beispiel 3	40%	200.000 DM	107.378 DM
Beispiel 4	40%	300.000 DM	152.759 DM
Beispiel 5	40%	400.000 DM	198.937 DM
Beispiel 6	50%	400.000 DM	223.506 DM
Beispiel 7	50%	500.000 DM	278.876 DM

Beispiel 1:
Kaufpreis 150.000 – Steuersatz 30 Prozent

Wohnfläche	37 m²
Kaufpreis pro m² Wohnfläche	4.054 DM
monatliche Mieteinnahme pro m²	18 DM
jährliche Rücklage für Instandhaltung (3 DM pro m² Wohnfläche)	III DM
jährliche Kosten der Verwaltung (nicht umlagefähig auf die Mieter)	300 DM
Finanzierungsmittel bar	–
Finanzierungsmittel als Bausparguthaben	30.000 DM
aufzunehmendes Bauspardarlehen (effektiver Jahreszins 6,08 %)	30.000 DM
aufzunehmende Hypothek (10 Jahre Zinsfestschreibung, effektiver Jahreszins 8,31 %, Anfangstilgung 1 %)	90.000 DM

Ergebnis bei Verkauf nach 10 Jahren (Objektwert bei 3 % Wertzuwachs pro Jahr)	201.587 DM
abzüglich eingesetztes Anfangs-Eigenkapital	– 30.000 DM
abzüglich Netto-Finanzierungsaufwand (aus laufender Unterdeckung nach Abzug der Steuergewinne)	– 19.966 DM
abzüglich restlicher Darlehensschuld (nur noch Hypothek, das Bauspardarlehen ist nach 7 Jahren abgelöst)	– 76.279 DM
Ertrag nach Steuern	75.342 DM

Beispiel 2:
Kaufpreis 200.000 – Steuersatz 30 Prozent

Wohnfläche	52 m²
Kaufpreis pro m² Wohnfläche	3.846 DM
monatliche Mieteinnahme pro m²	16 DM
jährliche Rücklage für Instandhaltung (3 DM pro m² Wohnfläche)	156 DM
jährliche Kosten der Verwaltung (nicht umlagefähig auf die Mieter)	300 DM
Finanzierungsmittel bar	–
Finanzierungsmittel als Bausparguthaben	40.000 DM
aufzunehmendes Bauspardarlehen (effektiver Jahreszins 6,08%)	40.000 DM
aufzunehmende Hypothek (10 Jahre Zinsfestschreibung, effektiver Jahreszins 8,31%, Anfangstilgung 1%)	120.000 DM

Ergebnis bei Verkauf nach 10 Jahren (Objektwert bei 3 % Wertzuwachs pro Jahr)	268.783 DM
abzüglich eingesetztes Anfangs-Eigenkapital	– 40.000 DM
abzüglich Netto-Finanzierungsaufwand (aus laufender Unterdeckung nach Abzug der Steuergewinne)	– 30.669 DM
abzüglich restlicher Darlehensschuld (nur noch Hypothek, das Bauspardarlehen ist nach 7 Jahren abgelöst)	– 101.705 DM
Ertrag nach Steuern	96.409 DM

Beispiel 3:
Kaufpreis 200.000 – Steuersatz 40 Prozent

Wohnfläche	52 m²
Kaufpreis pro m² Wohnfläche	3.846 DM
monatliche Mieteinnahme pro m²	16 DM
jährliche Rücklage für Instandhaltung (3 DM pro m² Wohnfläche)	156 DM
jährliche Kosten der Verwaltung (nicht umlagefähig auf die Mieter)	300 DM
Finanzierungsmittel bar	–
Finanzierungsmittel als Bausparguthaben	40.000 DM
aufzunehmendes Bauspardarlehen (effektiver Jahreszins 6,08%)	40.000 DM
aufzunehmende Hypothek (10 Jahre Zinsfestschreibung, effektiver Jahreszins 8,31%, Anfangstilgung 1%)	120.000 DM

Ergebnis bei Verkauf nach 10 Jahren (Objektwert bei 3% Wertzuwachs pro Jahr)	268.783 DM
abzüglich eingesetztes Anfangs-Eigenkapital	– 40.000 DM
abzüglich Netto-Finanzierungsaufwand (aus laufender Unterdeckung nach Abzug der Steuergewinne)	– 19.700 DM
abzüglich restlicher Darlehensschuld (nur noch Hypothek, das Bauspardarlehen ist nach 7 Jahren abgelöst)	– 101.705 DM
Ertrag nach Steuern	107.378 DM

Beispiel 4:
Kaufpreis 300.000 – Steuersatz 40 Prozent

Wohnfläche	80 m²
Kaufpreis pro m² Wohnfläche	3.750 DM
monatliche Mieteinnahme pro m²	15 DM
jährliche Rücklage für Instandhaltung (3 DM pro m² Wohnfläche)	240 DM
jährliche Kosten der Verwaltung (nicht umlagefähig auf die Mieter)	300 DM
Finanzierungsmittel bar	20.000 DM
Finanzierungsmittel als Bausparguthaben	40.000 DM
aufzunehmendes Bauspardarlehen (effektiver Jahreszins 6,08%)	40.000 DM
aufzunehmende Hypothek (10 Jahre Zinsfestschreibung, effektiver Jahreszins 8,31%, Anfangstilgung 1%)	200.000 DM

Ergebnis bei Verkauf nach 10 Jahren (Objektwert bei 3% Wertzuwachs pro Jahr)	403.175 DM
abzüglich eingesetztes Anfangs-Eigenkapital	– 60.000 DM
abzüglich Netto-Finanzierungsaufwand (aus laufender Unterdeckung nach Abzug der Steuergewinne)	– 20.907 DM
abzüglich restlicher Darlehensschuld (nur noch Hypothek, das Bauspardarlehen ist nach 7 Jahren abgelöst)	– 169.509 DM
Ertrag nach Steuern	152.759 DM

Beispiel 5:
Kaufpreis 400.000 – Steuersatz 40 Prozent

Wohnfläche	110 m²
Kaufpreis pro m² Wohnfläche	3.636 DM
monatliche Mieteinnahme pro m²	14 DM
jährliche Rücklage für Instandhaltung (3 DM pro m² Wohnfläche)	330 DM
jährliche Kosten der Verwaltung (nicht umlagefähig auf die Mieter)	300 DM
Finanzierungsmittel bar	30.000 DM
Finanzierungsmittel als Bausparguthaben	50.000 DM
aufzunehmendes Bauspardarlehen (effektiver Jahreszins 6,08%)	50.000 DM
aufzunehmende Hypothek (10 Jahre Zinsfestschreibung, effektiver Jahreszins 8,31%, Anfangstilgung 1%)	270.000 DM

Ergebnis bei Verkauf nach 10 Jahren (Objektwert bei 3 % Wertzuwachs pro Jahr)	537.567 DM
abzüglich eingesetztes Anfangs-Eigenkapital	– 80.000 DM
abzüglich Netto-Finanzierungsaufwand (aus laufender Unterdeckung nach Abzug der Steuergewinne)	– 29.793 DM
abzüglich restlicher Darlehensschuld (nur noch Hypothek, das Bauspardarlehen ist nach 7 Jahren abgelöst)	– 228.837 DM
Ertrag nach Steuern	198.937 DM

Beispiel 6:
Kaufpreis 400.000 – Steuersatz 50 Prozent

Wohnfläche	110 m²
Kaufpreis pro m² Wohnfläche	3.636 DM
monatliche Mieteinnahme pro m²	14 DM
jährliche Rücklage für Instandhaltung (3 DM pro m² Wohnfläche)	330 DM
jährliche Kosten der Verwaltung (nicht umlagefähig auf die Mieter)	300 DM
Finanzierungsmittel bar	30.000 DM
Finanzierungsmittel als Bausparguthaben	50.000 DM
aufzunehmendes Bauspardarlehen (effektiver Jahreszins 6,08 %)	50.000 DM
aufzunehmende Hypothek (10 Jahre Zinsfestschreibung, effektiver Jahreszins 8,31 %, Anfangstilgung 1 %)	270.000 DM

Ergebnis bei Verkauf nach 10 Jahren (Objektwert bei 3 % Wertzuwachs pro Jahr)	537.567 DM
abzüglich eingesetztes Anfangs-Eigenkapital	– 80.000 DM
abzüglich Netto-Finanzierungsaufwand (aus laufender Unterdeckung nach Abzug der Steuergewinne)	– 5.224 DM
abzüglich restlicher Darlehensschuld (nur noch Hypothek, das Bauspardarlehen ist nach 7 Jahren abgelöst)	– 228.837 DM
Ertrag nach Steuern	223.506 DM

Beispiel 7:
Kaufpreis 500.000 – Steuersatz 50 Prozent

Wohnfläche	140 m²
Kaufpreis pro m² Wohnfläche	3.571 DM
monatliche Mieteinnahme pro m²	14 DM
jährliche Rücklage für Instandhaltung (3 DM pro m² Wohnfläche)	420 DM
jährliche Kosten der Verwaltung (nicht umlagefähig auf die Mieter)	300 DM
Finanzierungsmittel bar	50.000 DM
Finanzierungsmittel als Bausparguthaben	50.000 DM
aufzunehmendes Bauspardarlehen (effektiver Jahreszins 6,08%)	50.000 DM
aufzunehmende Hypothek (10 Jahre Zinsfestschreibung, effektiver Jahreszins 8,31%, Anfangstilgung 1%)	350.000 DM

Ergebnis bei Verkauf nach 10 Jahren (Objektwert bei 3% Wertzuwachs pro Jahr)	671.958 DM
abzüglich eingesetztes Anfangs-Eigenkapital	– 100.000 DM
Netto-Finanzierungsaufwand (durch Steuergewinne entsteht hier ein Guthaben)	+ 3.559 DM
abzüglich restlicher Darlehensschuld (nur noch Hypothek, das Bauspardarlehen ist nach 7 Jahren abgelöst)	– 296.641 DM
Ertrag nach Steuern	278.876 DM

EIGENKAPITAL –
DER KASSENSTURZ FÜR SELBSTNUTZER:
WAS KÖNNEN SIE SICH BEI
IHREM EINKOMMEN LEISTEN?

· ·

Bestimmt haben Sie sich über diese Frage längst schon mal Gedanken gemacht. Und wahrscheinlich haben Sie sich auch die bisher in die nähere Wahl einbezogenen Objekte unter dem Gesichtspunkt „Was können wir uns leisten" auf die Liste gesetzt. Aber trotzdem kann man das natürlich nicht nur über den Daumen kalkulieren. Und deshalb wollen wir jetzt mal mit konkreten Zahlen zur Sache kommen.

Dabei unterstellen wir Ihnen zunächst einmal ganz frech, daß Sie kaum in der Lage sein werden, Ihre Immobilie ganz und gar ohne Kredite erwerben zu können. Also lautet die wichtigste Frage: Wieviel Geld haben Sie selbst als Eigenkapital und wieviel müssen Sie sich borgen? Stellen Sie deshalb einfach mal zusammen, was Sie als Eigenkapital aufbringen können. Dazu zählen einerseits alle Sparguthaben, das bereits in Bausparverträge eingezahlte Kapital, Anlagen in Sparplänen von Geldinstituten oder Wertpapieren, andererseits aber auch die in Kapital-Lebensversicherungen angesammelten Guthaben und alle Finanzhilfen, die Sie innerhalb der Familie bekommen, sei es das Geldgeschenk von Oma oder eine finanzielle Hilfe von den Eltern.

Bei jedem Immobilien-Erwerb zum Selbstnutzen sollte das Eigenkapital etwa 20 Prozent des gesamten Immobilienwertes betragen. 80 Prozent des Anschaffungswertes können finanziert werden. Anders ausgedrückt: Wenn Sie die Summe Ihres Eigenkapitals mit 5 malnehmen, erfahren Sie, wie teuer die Immobilien-Anschaffung werden dürfte.

Natürlich gibt es mittlerweile auch Möglichkeiten, den gesamten Anschaffungswert zu finanzieren – also ohne Eigenkapital zu bauen oder zu kaufen. So etwas bietet sich aber nur dann an, wenn man zum Beispiel aus den Steuererstattungen für das erste Jahr nach der Anschaffung einen Teil der Kredite zurückzahlen kann, also die Steuerersparnis als

Eigenkapital einsetzt. Im Normalfall aber ist es immer ein großes und eigentlich nicht zu verantwortendes Risiko, mehr als 80 Prozent der Anschaffungskosten über Kredite zu finanzieren.

Nun gibt es eine ganze Reihe von Möglichkeiten, sich die benötigten Kredite zu besorgen. Darauf kommen wir später noch. Zunächst aber wollen wir uns mal anschauen, welche Kreditsummen wir uns eigentlich bei unserem Einkommen leisten können. Denn schließlich müssen wir fürs geliehene Geld Zinsen bezahlen, und außerdem ist noch die Tilgung fällig, also die Rückzahlung des geborgten Geldes. Wie hoch die Finanzierung unserer Immobilie ausfallen darf, entscheidet sich letztlich also anhand der Summe von Zinsen und Tilgung, die wir monatlich von unserem Einkommen abzweigen können.

Übersicht: Welche Kreditkosten können Sie tragen?

Um Ihnen einen Eindruck davon zu vermitteln, wieviel Geld Sie sich leihen können, haben wir eine Tabelle entwickelt, aus der sich anhand der monatlichen Belastbarkeit (Aufwand für Zinsen und Tilgung) die zu tragende Kreditsumme ablesen läßt. Eingearbeitet in die Tabelle haben wir übrigens eine Tilgung von einem Prozent, nämlich den Standardsatz. Er ist in den Monatsraten bereits enthalten.

Wie hoch die Kredite sein dürfen, hängt einerseits von der tragbaren monatlichen Belastung ab – andererseits aber auch von den aktuellen Kreditzinsen. Wer eine monatliche Belastung von 1.000 Mark aufbringen kann, bekommt dafür bei einem Zinssatz von 6,75 Prozent rund 154.000 Mark als Darlehen. Bei einem Zinssatz von 8,5 Prozent kann er sich bei gleicher Monatsbelastung nur noch ein Darlehen in Höhe von rund 126.000 Mark erlauben.

Ein Blick in die Tabelle zeigt aber auch, welches Risiko oder welche Chancen in dem Augenblick entstehen, in dem die Zinsfestschreibungsfrist für ein Darlehen ausläuft. Wer in einer Phase sehr niedriger Zinsen für 6,5 Prozent einen Betrag von 160.000 Mark finanziert, hat eine Monatsbelastung von 1.000 Mark zu tragen. Steigt der Zins auf 8,75 Prozent und müssen dann neue Konditionen ausgehandelt werden, sind zur

Finanzierung schon 1.300 Mark im Monat abzuzweigen. Wer auch für die Zukunft nichts riskieren will, darf deshalb in Niedrigzinsphasen (Zinssätze um oder unter 7 Prozent) bei der Bemessung der Ratenhöhe niemals bis an die absolute Grenze seiner Belastbarkeit gehen.

Effektivzins
bei 100 Prozent
Auszahlung
(incl. 1 % Tilgung)

Darlehensbeträge jeweils in vollen Tausend Mark
(Lesart: bei 400 Mark monatlicher Belastung und 6 % Zinsen sind
68 = 68.000 DM zu finanzieren)
monatliche Belastung in Mark

	400	500	600	700	800	900	1.000	1.100	1.200	1.300	1.400	1.500	1.600	1.700	1.800	1.900	2.000
6,00 %	68	85	102	120	137	154	171	188	205	222	240	257	274	291	308	325	342
6,25 %	66	82	99	115	132	149	165	182	198	215	231	248	264	281	298	314	331
6,50 %	64	80	96	112	126	144	160	176	192	208	234	240	256	272	288	304	320
6,75 %	62	77	93	108	123	139	154	170	185	201	216	232	247	263	278	294	309
7,00 %	60	75	90	105	120	135	150	165	180	195	210	225	240	255	270	285	300
7,25 %	58	72	87	101	116	131	145	160	174	189	203	218	232	247	261	276	291
7,50 %	56	70	84	98	113	127	141	155	169	183	197	211	225	240	254	268	282
7,75 %	54	68	82	96	109	123	137	150	164	178	192	205	219	233	246	260	274
8,00 %	53	66	80	93	106	120	133	146	160	173	186	200	213	226	240	253	266
8,25 %	51	64	77	90	103	116	129	142	155	168	181	194	207	220	233	246	259
8,50 %	50	63	75	88	101	113	126	139	151	164	176	189	202	214	227	240	252
8,75 %	49	61	73	85	98	110	123	135	147	160	172	184	197	209	221	233	246
9,00 %	48	60	72	84	96	108	120	132	144	156	168	180	192	204	216	228	240
9,25 %	46	58	70	82	93	105	117	128	140	152	163	175	187	199	210	222	234
9,50 %	45	57	68	80	91	102	114	125	137	148	160	171	182	194	205	217	228
9,75 %	44	55	67	78	89	100	111	122	133	145	156	167	178	189	200	212	223
10,0 %	43	54	65	76	87	98	109	120	130	141	152	163	174	185	196	207	218

Nun haben Sie eben aus der Tabelle möglicherweise herausgelesen, daß Sie sich bei einem Zinssatz von sieben Prozent und einer monatlichen Belastung von 1.400 Mark einen Kredit über 210.000 Mark erlauben könnten. Aber das hilft Ihnen wenig, wenn Sie bisher Ihre monatliche Belastbarkeit noch gar nicht ermittelt haben. Deshalb wollen wir jetzt zunächst einmal feststellen, welche Summen man monatlich für Finanzierung und Tilgung aufbringen kann.

Diese Rechnung sollten wir immer selbst aufmachen und sie nicht allein den „Experten" von Baugesellschaften, Maklerfirmen oder Geldinstituten überlassen. Denn denen geht es meistens nur darum, möglichst gute Abschlüsse zu machen – und das sind oft schlechte für die Käufer. Denn gut aus Sicht von Bauträgern und Geldinstituten ist nur, woran gut verdient wird. Kurzum: Wer seine Kunden besonders geschickt über den Tisch zieht, streicht die höchsten Provisionen und Prämien ein. Wenn erst einmal alle Verträge unterschrieben sind, muß es die „Experten" nicht mehr interessieren, ob die Familie in zwei oder fünf Jahren noch alle Verpflichtungen erfüllen kann.

Diese Schönrechnerei fängt oft schon bei der finanziellen Belastbarkeit der künftigen Eigentümer an. Da wird beim Einkommen alles zusammengekratzt, was nur irgendwie greifbar ist: Weihnachts- und Urlaubsgeld werden mit angerechnet, Überstundenzuschläge und Sonderzahlungen einkalkuliert, das Kindergeld verplant – und anhand von Standardsätzen wird dann festgelegt, wieviel Geld die Familie monatlich fürs Eigenheim oder die Eigentumswohnung aufbringen kann.

Von solchen Rechnungen aber halten wir gar nichts, weil sie nur in der Theorie stimmen und oft zu wenig Spielraum lassen. Außerdem ist es schlichtweg Unsinn, alle Familien nach einem in Tabellen gepreßten Ausgabeverhalten über einen Kamm scheren zu wollen. Wer bisher gern gut gegessen oder sich ein kostspieliges Hobby geleistet hat und künftig darauf verzichten oder sich erheblich einschränken soll, nur um Wohneigentum erwerben zu können, wird kaum glücklich werden.

Deshalb möchten wir gemeinsam mit Ihnen eine andere Rechnung aufmachen. Sie basiert auf Ihrem bisherigen Ausgabeverhalten und den bisherigen Wohnkosten.

Checkliste: Soviel Geld können Sie monatlich für eine selbstgenutzte Immobilie aufbringen

BISHERIGE MONATSMIETE (Bruttomiete inklusive aller Nebenkosten und Stellplatz- oder Garagenmiete)	
BISHERIGE MONATLICHE ENERGIEKOSTEN (Elektrizität, Gas)	+
KÜNFTIGE MONATLICHE NEBENKOSTEN (Versicherungen, Schornsteinfeger, Wasser und Abwasser, Müllabfuhr, Energie — da kommt einiges zusammen. Rechnen Sie pauschal je Quadratmeter Wohnfläche in der Eigentumswohnung 4,50 Mark, im Eigenheim 5 Mark)	–
BISHERIGE MONATLICHE GELDANLAGEN (z. B. in Sparverträgen, als Bausparleistungen oder Kauf von Wertpapieren)	+
BISHERIGE MONATSPRÄMIEN FÜR KAPITAL-LEBENSVERSICHERUNGEN (brauchen wir als Geldanlage nicht mehr, der Versicherungsschutz wird durch eine Risiko-Lebensversicherung hergestellt)	+
KÜNFTIGE MONATSPRÄMIEN FÜR RISIKO-LEBENSVERSICHERUNGEN (tragen Sie 15 % der bisherigen Prämie für die Kapital-Lebensversicherung ein)	–
KÜNFTIGE MONATLICHE STEUERERSPARNIS (rechnen Sie mit unserer Musterrechnung ab Seite 88 mal ungefähr durch, was bei einer Immobilie in der Ihnen vorschwebenden Größenordnung herauskommt)	+
SUMME DER MONATLICH AUFZUBRINGENDEN BELASTUNG FÜR ZINSEN UND TILGUNG	=

Das Ergebnis dieser Checkliste zeigt Ihnen jetzt, wieviel Geld Sie für die monatliche Belastung durch Kauf oder Bau von Einfamilienhaus oder Eigentumswohnung zur Verfügung haben, ohne Ihr bisheriges Ausgabeverhalten und Ihre Lebensgewohnheiten umstellen zu müssen. Denn wir sind nur von dem ausgegangen, was Sie bisher schon fürs Wohnen ausgeben und was Sie bisher in Geldanlagen investiert haben, die schlechter sind als eine selbstgenutzte Immobilie.

Aber nun wollen wir Ihnen natürlich nichts vormachen: In den meisten Familien wird der Kauf oder Bau von Wohneigentum zwangsläufig zu einer Veränderung des bisherigen Ausgabeverhaltens und der alten Lebensgewohnheiten führen. Ob das auch bei Ihnen erforderlich sein wird, zeigt ein nochmaliger Blick in unsere Tabelle mit den Kreditbeträgen und den daraus entstehenden Belastungen. Denn wenn Sie jetzt feststellen, daß Sie mit der eben ermittelten Belastbarkeit noch nicht die Kredite finanzieren können, die Sie brauchen, stellt sich schließlich schon die Frage, worauf man künftig verzichten muß oder soll.

Obwohl es sonst nicht unsere Art ist, möchten wir ausnahmsweise mal mit einer Gegenfrage antworten: Wissen Sie eigentlich, wofür Sie heute Ihr Geld ausgeben? Wenn nicht, befinden Sie sich in guter Gesellschaft: Über 80 Prozent aller deutschen Familien haben keinen genauen Überblick, wieviel Geld sie wofür ausgeben. Und dann wird es natürlich auch schwer, die Einsparmöglichkeiten zu ermitteln.

Wer sich Wohneigentum anschaffen will und hohe Kredite aufnehmen muß, kann sich diesen – pardon – finanziellen Blindflug eigentlich nicht erlauben. Deshalb wäre es schon gut, über einen Zeitraum von drei Monaten ein Haushaltsbuch zu führen und zu schauen, wo das Geld wirklich bleibt.

WOFÜR FAMILIEN IHR GELD AUSGEBEN:

Um Ihnen ein paar Anhaltspunkte zu liefern, haben wir einmal das durchschnittliche Ausgabeverhalten eines Vierpersonen-Arbeitnehmerhaushalts zusammengestellt. Die Angaben basieren auf den Zahlen des Statistischen Bundesamtes und beziehen sich auf die sogenannte „mittlere Verbrauchergruppe" mit einem verfügbaren Durchschnittseinkommen von 4.425 Mark:

AUSGABENBEREICH	MONATLICHE AUSGABEN	ANTEIL AN DEN GESAMTAUSGABEN
Ernährung	646,05 DM	14,6%
Genußmittel	345,17 DM	7,8%
Bekleidung, Schuhe	340,72 DM	7,7%
Miete	924,82 DM	20,9%
Energiekosten	230,10 DM	5,2%
Verkehr (Auto), Post, Telefon	792,07 DM	17,9%
Körperpflege, Gesundheit	115,05 DM	2,6%
Freizeit, Bildung, Unterhaltung	561,97 DM	12,7%
Möbel, Haushaltsgeräte	331,87 DM	7,5%
Geldanlagen, Sonstiges	137,17 DM	3,1%

Wenn Sie für Ihren Haushalt eine ähnliche Aufstellung gemacht haben, erkennen Sie schnell, wo künftig Abstriche zu machen sind – und um welchen Betrag Sie die vorhin mit der Checkliste ermittelte Belastbarkeit erhöhen können.

Nun haben wir bisher immer nur von „der Finanzierung" und von „den Krediten" gesprochen – ohne dabei auf die unterschiedlichen Darlehensformen zu kommen. Oft aber gibt es Möglichkeiten, viel billigere als die üblichen Darlehen von Geldinstituten zu erhalten. Das ist schon deshalb wichtig, weil Sie sich bei niedrigeren Zinssätzen mehr Kapital beschaffen können. Wie und wo – das erfahren Sie im folgenden Kapitel.

WENN SIE NICHT GENUG GELD AUFTREIBEN KÖNNEN: EIGENARBEIT ALS ERSATZ FÜRS FEHLENDE EIGENKAPITAL?

Ein altes Sprichwort behauptet zwar, „die Axt im Haus ersetzt den Zimmermann". Wer sich ein Haus oder eine Wohnung kaufen will, darf daraus aber noch lange nicht ableiten, daß sich durch zwei geschickte Hände im Haus ein gut gepolstertes Bankkonto ersetzen läßt. Im Klartext: Die Möglichkeit, durch eigene Arbeiten die Bau- bzw. Anschaffungskosten erheblich senken und den Wert dieser Arbeit als Ersatz für fehlendes Eigenkapital einbringen zu können, ist relativ gering und wird oft überschätzt.

Allenfalls 10 bis 15 Prozent der Gesamtkosten kann ein sehr geschickter Heimwerker durch Eigenleistungen erbringen – aber auch das hängt vom Objekt ab:

Bei älteren Eigentumswohnungen wirkt sich die Eigenleistung überhaupt nicht auf den Kaufpreis aus. Allenfalls die nach dem Erwerb erforderlichen Arbeiten können zum Teil in Eigenleistung erbracht werden und damit die Folgekosten senken. Bei der Anschaffungsfinanzierung aber hilft das wenig. Außerdem können nur Kosten, die vor dem Einzug bzw. dem Lastenwechsel (Einzelheiten im Kapitel über die steuerliche Abschreibung bei Altbauten) entstehen, als Vorkosten beim Finanzamt geltend gemacht werden. Welche Kosten später auf Sie zukommen, haben wir im Kapitel über Altbaumodernisierung zusammengestellt. Aber wie gesagt: Bei der Finanzierung des Kaufes hilft Ihnen das alles wenig.

Bei älteren Häusern läßt sich die Rechnung „Eigenarbeit senkt Kaufpreis" ebenfalls nicht aufmachen. Da gilt, auch zum Thema Vorkosten, was wir schon bei den älteren Eigentumswohnungen gesagt haben. Einen indirekten Einfluß auf die Finanzierung haben Eigenleistungen bei älteren Häusern, wenn sich der Wert bzw. die Beleihungsmöglichkeiten durch die Arbeiten verbessern. Und natürlich können eine ganze Reihe von Arbeiten nach dem Einzug selbst übernommen werden, Modernisierungskosten (dazu gibt es ein eigenes Kapitel) lassen sich erheblich senken.

Bei neuen Eigentumswohnungen lassen sich theoretisch zwar die Ausbaukosten durch Eigenleistungen reduzieren. Weil die Wohnungsangebote aber meistens auf eine „schlüsselfertige Übergabe" zugeschnitten sind, haben die Bauträger an Sondervereinbarungen über Eigenleistungen nur wenig Interesse. Die tatsächliche Ersparnis fällt ohnehin geringer aus als bei einem Einzelhaus. Denn ob innerhalb eines größeren Bauvorhabens ein paar Quadratmeter mehr oder weniger vom ohnehin anwesenden Maler geweißt oder vom Fliesenleger beklebt werden, wirkt sich nur geringfügig auf die Gesamtkosten aus. Im Einzelhaus, wo eventuell ganz auf einzelne Handwerker verzichtet werden kann, ist die Ersparnis relativ größer. Außerdem geben die Bauträgerfirmen kaum alle bei ihnen anfallenden Minderkosten in voller Höhe weiter.

Bei neuen Einfamilienhäusern besteht noch am ehesten die Chance, selbst Hand anzulegen – auch bei schlüsselfertig angebotenen. Allerdings dürfen die echten Einsparungen nicht überschätzt und die Belastung des Bauherren unterschätzt werden. Wer 10 bis 15 Prozent der gesamten Baukosten sparen will, muß bei einem Einzelhaus zwischen 1000 und 2000 Arbeitsstunden aufwenden. Denn sparen läßt sich schließlich nur an den Lohnkosten, das Material muß auch der Selbermacher kaufen. Und oft zehren schon die im Kleinverkauf höheren Materialpreise als beim Großeinkauf durch den Handwerker einen Teil der Ersparnis auf. Berücksichtigt werden muß auch, daß durch eventuell zeitraubende und nicht mit den anderen Handwerkern zeitlich optimal abzustimmende Arbeiten (schließlich bleiben dafür meist nur die Wochenenden und die Feierabende) Verzögerungen auftreten können, die zu einer längeren Bauzeit führen. Das bedeutet einen späteren Einzugstermin, längere Mietzahlungen für die bisherige Wohnung, gleichzeitig aber auch schon zusätzliche Kosten durch Zins und Tilgung des bereits verbauten Geldes bzw. Bereitstellungskosten für den noch nicht in Anspruch genommenen Teil der Finanzierungssumme.

Entscheidend bei der Übernahme von Eigenleistungen darf deshalb nicht die Frage sein, was man sich zutraut, sondern was wirklich sinnvoll ist. Die Antwort darauf finden Sie in der folgenden Checkliste. Aber lassen Sie uns zuvor ein typisches Beispiel anbringen:

Der Eigenheim-Bauherr, der selbst mit der Schaufel die Erdbewegungen bewältigen will, spart praktisch kein Geld, sondern macht sich nur kaputt. Er braucht wochenlang für Arbeiten, die ein Bagger innerhalb eines Tages zu einem Stundensatz von 40 bis 100 Mark erledigt.

Beachten Sie bei Ihrer Entscheidung deshalb folgende Punkte:
- Das Verhältnis zwischen Ihrem Zeitaufwand für die Eigenarbeit und der echten Ersparnis muß in einem lohnenden Verhältnis stehen.
- Es ist nicht sinnvoll, Arbeiten von Hand auszuführen, die sich durch spezielle Maschinen oder Geräte einer Fachfirma erheblich beschleunigen lassen.
- Die Arbeiten müssen sich zeitlich so abstimmen lassen, daß sich beim Zusammenspiel mit den anderen Handwerkern keine Bauverzögerungen ergeben.
- Kommen Sie bei Bauten, die schlüsselfertig angeboten werden, tatsächlich in den Genuß der vollen Ersparnis aus dem Anteil der wegfallenden Handwerkerleistungen – oder bleibt ein Teil in der Kasse des Bauträgers hängen?
- Die Arbeiten sollten immer komplett übernommen werden – sonst wird bei späteren Mängeln jeder Handwerker die Schuld auf Ihren Arbeitsanteil schieben, das Durchsetzen von Gewährleistungsansprüchen ist fast aussichtslos.
- Sind die Arbeiten tatsächlich von einem Laien auszuführen oder müssen Sie (etwa bei Installationen) hinterher trotzdem einen zugelassenen Handwerksbetrieb beauftragen, um die Abnahme der Arbeiten durch Versorgungsunternehmen (Gas, Elektrizität) sicherzustellen?
- Gibt es die Möglichkeit, das Haus zunächst teilweise in einen bewohnbaren Zustand zu bringen, um möglichst schnell einziehen und

dadurch Kosten (und Zeit für die Fahrt zur Baustelle) einsparen zu können?

• Sind Sie handwerklich so geschickt, daß sich eventuell die Anschaffung eines speziellen Ausbauhauses (Obergeschoß wird im Rohbauzustand übergeben) lohnt?

In der folgenden Übersicht haben wir zusammengestellt, welchen Anteil die einzelnen Arbeiten an den Gesamtkosten haben, in welchem Verhältnis Lohn- und Materialkosten stehen und was bei den Arbeiten zu berücksichtigen ist.

Checkliste Eigenleistungen:
Was sich lohnt und wieviel Geld zu sparen ist
Die Auflistung der einzelnen Gewerke ist alphabetisch geordnet. Alle Angaben basieren auf Durchschnittswerten. Wenn Sie die Gesamtsumme Ihrer Baukosten kennen, können Sie mit Hilfe dieser Checkliste den Lohn für Ihre Eigenarbeit abschätzen. Dafür müssen Sie abschließend nur noch die Beträge aus den getönten letzten Feldern der Einzelposten zusammenzählen.

Gewerk:	AUSSENANLAGEN
Umfang:	Erdarbeiten, Verlegen von Geh- oder Fahrwegplatten, Gestaltung des Gartens
Bewertung der Eigenleistung:	Sehr gut, Kosten dafür sind aber oft gar nicht in den Baukosten enthalten, also entsteht meist keine echte Ersparnis
Anteil des Gewerks an den gesamten Baukosten:	2 %
Lohnkostenanteil:	45–55%
Materialkostenanteil:	45–55%
Ersparnis durch Eigenleistung:	1 % der gesamten Baukosten (wenn Außenanlagen darin enthalten sind)

Ihre persönlichen gesamten Baukosten:	in DM
davon 2% für Außenanlagen:	in DM
davon 1% als Eigenleistung ❶ :	in DM

❶ nur, wenn Außenanlagen in Baukosten enthalten sind

Gewerk:	BODENBELAGS- UND FLIESEN-/PLATTENARBEITEN
Umfang:	Verlegen von Teppichböden und Fliesen oder Platten an Wänden und auf dem Boden
Bewertung der Eigenleistung:	Gut, geschickte Heimwerker haben keine Probleme, außerdem Ersparnis durch Wahl preiswerter Materialien
Anteil des Gewerks an den gesamten Baukosten:	7%
Lohnkostenanteil:	50%
Materialkostenanteil:	50%
Ersparnis durch Eigenleistung:	3,5% der gesamten Baukosten
Ihre persönlichen gesamten Baukosten:	in DM
davon 7% für Fliesen- und Bodenbelagsarbeiten:	in DM
davon 3,5% als Eigenleistung:	in DM

Gewerk:	DACHDECKERARBEITEN
Umfang:	Neben der Verlegung des Dachbelags (Eindecken) gehört das Herstellen der Dachanschlüsse und -übergänge dazu sowie das Verlegen und Vermauern der Firststeine
Bewertung der Eigenleistung:	Schlecht, ohne fachliche Anleitung und Helfer nicht möglich
Anteil des Gewerks an den gesamten Baukosten:	4%
Lohnkostenanteil:	55–65%
Materialkostenanteil:	35–45%
Ersparnis durch Eigenleistung:	nicht nennenswert
Ihre persönlichen gesamten Baukosten:	in DM
davon 4% für Dachdeckerarbeiten:	in DM
davon ❶ % als Eigenleistung:	in DM

❶ eigentlich keine, nur in Ausnahmefällen anrechenbar

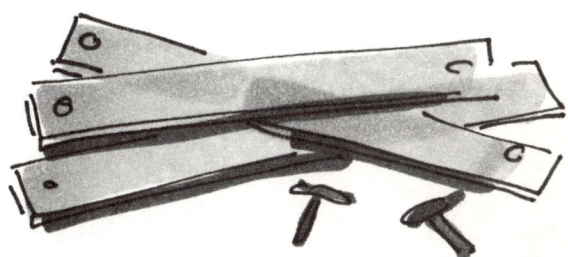

Gewerk:	ELEKTROARBEITEN
Umfang:	Schlitzen von Wänden und Verlegung der Strom-, Antennen- und Telefonkabel, Klingelanlage, Fräsen von Löchern für Schalter und Dosen, außer Klingelanlage und Dachantenne Anschluß nur durch Fachleute
Bewertung der Eigenleistung:	Schlecht, Fachbetriebe weigern sich meistens, fremdverlegte Leitungen anzuschließen — und dann gibt's auch keinen Hausanschluß
Anteil des Gewerks an den gesamten Baukosten:	3 %
Lohnkostenanteil:	90 – 95 %
Materialkostenanteil:	5 – 10 %
Ersparnis durch Eigenleistung:	nicht nennenswert
Ihre persönlichen gesamten Baukosten:	in DM
davon 3 % für Elektroinstallation:	in DM
davon ❶ % als Eigenleistung:	in DM

❶ eigentlich keine, nur in Ausnahmefällen anrechenbar

Gewerk:	ERDARBEITEN
Umfang:	Aushub der Baugrube bzw. von Fundamentgräben, Planierarbeiten, Lagerung bzw. Abfuhr von Erdaushub, Vorbereitung der Außenanlagen (separate Bewertung)
Bewertung der Eigenleistung:	Schlecht, die Rechnung Schubkarre und Schaufel gegen Bagger geht nicht auf. In Ausnahmefällen lohnen Feinarbeiten mit der Schaufel, z. B. Aushub von Gräben für Fundamentstreifen oder Drainage
Anteil des Gewerks an den gesamten Baukosten:	5 %
Lohnkostenanteil:	60 %
Geräteeinsatz:	40 %
Ersparnis durch Eigenleistung:	nicht nennenswert
Ihre persönlichen gesamten Baukosten:	in DM
davon 5 % für Erdarbeiten:	in DM
davon ❶ % als Eigenleistung:	in DM

❶ eigentlich keine, nur in Ausnahmefällen anrechenbar

Gewerk:	**GLASER- UND SCHREINERARBEITEN**
Umfang:	Einsetzen von Fenstern und Türen bzw. Verlegen von Holzdielenböden (relativ selten, deshalb hier nicht berücksichtigt)
Bewertung der Eigenleistung:	Gut, geschickte Heimwerker haben beim Einbau von Fertigelement-Fenstern und Fertigzargen bzw. -türen keine Probleme, ein Helfer sollte zur Verfügung stehen
Anteil des Gewerks an den gesamten Baukosten:	9%
Lohnkostenanteil:	35%
Materialkostenanteil:	65%
Ersparnis durch Eigenleistung:	3% der gesamten Baukosten
Ihre persönlichen gesamten Baukosten:	in DM
davon 9% für Glaser- und Schreinerarbeiten:	in DM
davon 3% als Eigenleistung:	in DM

Gewerk:	MALER- UND TAPEZIERARBEITEN
Umfang:	Wegen Verwendung von endbehandelten Bauteilen (Fenster, Türen, Heizkörper) meist nur noch Anstriche und Tapeten auf Wänden und Decken im Innenbereich
Bewertung der Eigenleistung:	Gut, auch ein mäßig geübter Heimwerker kommt ohne Hilfe zurecht, die Einsparungen sind allerdings im Verhältnis zur Gesamt-Bausumme nur sehr gering, weil Neubauten fast nur geweißt und nicht tapeziert werden
Anteil des Gewerks an den gesamten Baukosten:	3%
Lohnkostenanteil:	80%
Materialkostenanteil:	20%
Ersparnis durch Eigenleistung:	2—2,5% der gesamten Baukosten
Ihre persönlichen gesamten Baukosten:	in DM
davon 3 % für Maler- und Tapezierarbeiten:	in DM
davon 2—2,5% als Eigenleistung:	in DM

Gewerk:	MAURER- UND BETONARBEITEN
Umfang:	Betonieren von Bodenplatten oder Fundamenten und Decken, Errichtung von tragenden und nichttragenden Wänden
Bewertung der Eigenleistung:	Nur möglich bei Anleitung durch Maurer bzw. Statiker, auch für geübte Heimwerker kaum empfehlenswert, zusätzliche Erschwernis, wenn ohne Helfer gearbeitet werden muß, nur in Ausnahmefällen empfehlenswert
Anteil des Gewerks an den gesamten Baukosten:	35%
Lohnkostenanteil:	60%
Materialkostenanteil:	40%
Ersparnis durch Eigenleistung:	nicht nennenswert
Ihre persönlichen gesamten Baukosten:	in DM
davon 35% für Maurer- und Betonarbeiten:	in DM
davon ❶ % als Eigenleistung:	in DM

❶ eigentlich keine, nur in Ausnahmefällen anrechenbar

Gewerk:	PUTZARBEITEN
Umfang:	Aufbringen von Außen-, Innen- und Deckenputz sowie Isolier-Anstrichen außen
Bewertung der Eigenleistung:	Schlecht, ohne Fachkenntnisse zu großer Zeitaufwand und schlechte Arbeitsqualität, Ersparnis bei Aufbringen von Trockenputz innen (Platten) wird durch Mehrkosten beim Material aufgezehrt
Anteil des Gewerks an den gesamten Baukosten:	6 %
Lohnkostenanteil:	75 %
Materialkostenanteil:	25 %
Ersparnis durch Eigenleistung:	nicht nennenswert
Ihre persönlichen gesamten Baukosten:	in DM
davon 6 % für Putzarbeiten:	in DM
davon ❶ % als Eigenleistung:	in DM

❶ eigentlich keine, nur in Ausnahmefällen anrechenbar

Gewerk:	SANITÄRARBEITEN, HEIZUNGSINSTALLATION
Umfang:	Verlegen von Leitungen und Rohren, Anschluß der Sanitärobjekte, Heizkörper, des Heizkessels und der Wasseraufbereitung
Bewertung der Eigenleistung:	Eingeschränkt, ohne fachmännische Hilfe nur teilweise möglich, Endabnahme und Anschluß an Versorgungsnetz nur durch Fachbetriebe
Anteil des Gewerks an den gesamten Baukosten:	15%
Lohnkostenanteil:	45–55%
Materialkostenanteil:	45–55%
Ersparnis durch Eigenleistung:	3% der gesamten Baukosten
Ihre persönlichen gesamten Baukosten:	in DM
davon 15% für Heizungs- und Sanitärinstallation:	in DM
davon 3% als Eigenleistung:	in DM

Gewerk:	SONSTIGE ARBEITEN
Umfang:	Schlosserarbeiten (Balkongeländer und/ oder Brüstungen), Abdichtungs- und Fugenarbeiten im Außen- und Naßbereich
Bewertung der Eigenleistung:	Mäßig, geringe Ersparnis wegen hoher Materialkosten, Schlosserarbeiten nur bei Verwendung von Fertigteilen
Anteil des Gewerks an den gesamten Baukosten:	3%
Lohnkostenanteil:	20%
Materialkostenanteil:	80%
Ersparnis durch Eigenleistung:	0,5% der gesamten Baukosten
Ihre persönlichen gesamten Baukosten:	in DM
davon 3% für sonstige Arbeiten:	in DM
davon 0,5% als Eigenleistung:	in DM

Gewerk:	TREPPENBAU
Umfang:	Einbau von maßangefertigten oder Element-Fertigtreppen
Bewertung der Eigenleistung:	Schlecht, nur Fertigtreppen (z.B. zum ausgebauten Dachgeschoß) sind eine Sache für Heimwerker — aber daran ist nichts zu sparen, weil die Lohnkosten nur fünf bis zehn Prozent ausmachen, deshalb haben wir diese Treppen hier nicht berücksichtigt
Anteil des Gewerks an den gesamten Baukosten:	4%
Lohnkostenanteil:	55 – 65%
Materialkostenanteil:	35 – 45%
Ersparnis durch Eigenleistung:	nicht nennenswert
Ihre persönlichen gesamten Baukosten:	in DM
davon 4% für Treppenbau:	in DM
davon ❶ % als Eigenleistung:	in DM

❶ eigentlich keine, nur in Ausnahmefällen anrechenbar

Gewerk:	ZIMMERARBEITEN
Umfang:	Aufrichten des Dachstuhls, Herstellung der Lattungen für Dacheindeckung, Aufstellen von Leichtbauwänden
Bewertung der Eigenleistung:	Schlecht, ohne Helfer nicht möglich, Arbeiten mit hohem Unfallrisiko
Anteil des Gewerks an den gesamten Baukosten:	4%
Lohnkostenanteil:	50%
Materialkostenanteil:	50%
Ersparnis durch Eigenleistung:	nicht nennenswert
Ihre persönlichen gesamten Baukosten:	in DM
davon 4% für Zimmerarbeiten:	in DM
davon ❶ % als Eigenleistung:	in DM

❶ eigentlich keine, nur in Ausnahmefällen anrechenbar

WIE SIE AN BILLIGERES BAUGELD HERANKOMMEN: FRAGEN SIE MAL IHRE VERWANDTSCHAFT ODER IHREN CHEF

Aus unserer kombinierten Tabelle für Zinssätze, monatliche Belastungen und Kreditsummen auf Seite 115 können Sie es ohne Mühe selbst herauslesen: Wem es gelingt, für seine Darlehen nur ein Prozent weniger Zinsen zu zahlen, der kann übers Jahr spielend einen Tausendmarkschein sparen. Über die Gesamtzeit der Baufinanzierung kommen ganz schnell fünfstellige Summen zusammen. Deshalb sollte jede Möglichkeit genutzt werden, sich nach billigeren Darlehen als denen von Banken und Sparkassen umzusehen.

Viele Arbeitnehmer haben zum Beispiel die Chance, mit Hilfe ihres Chefs ein paar tausend Mark bei der Baufinanzierung zu sparen. Denn wer in einem größeren Unternehmen arbeitet, kann für Kauf oder Bau von Wohneigentum oft ein zinsgünstiges Arbeitgeberdarlehen in Anspruch nehmen. Zum einen nutzen Firmen diese Möglichkeit, um Arbeitnehmer auf Dauer an sich zu binden. Zum anderen ist die Vergabe solcher Darlehen auch für die Unternehmen interessant. Denn der Zinssatz, den man dem Mitarbeiter berechnet, ist immer noch höher als der, den das Unternehmen mit anderweitigen Geldanlagen kassieren könnte. Also ist beiden geholfen: Der Unternehmer „verdient" etwas höhere Guthabenzinsen, der Mitarbeiter profitiert von etwas niedrigeren Schuldzinsen. Unterschiedlich ist die Vergabepraxis solcher Arbeitgeberdarlehen. Die Zusage und die Kredithöhe werden meistens von der Betriebszugehörigkeit und der Stellung im Unternehmen abhängig gemacht. Weil es sich im Erfolgsfall aber immer lohnt, so ein Darlehen zu nutzen, sollte man sich in seinem Unternehmen unbedingt danach erkundigen. Informieren Sie sich am besten zunächst beim Betriebsrat und sprechen Sie dann mit Ihrem direkten Vorgesetzten oder der Personalabteilung.

Eine weitere Möglichkeit, an den hohen Zinsen von Geldinstituten vorbeizukommen, sind die Verwandtendarlehen. Scheuen Sie sich also nicht, wohlbetuchte Familienangehörige darauf anzusprechen. Sie treten in solchen Fällen nicht als Bittsteller auf, denn es geht nicht um Geldge-schenke. Schließlich profitieren, wie bei den Arbeitgeberdarlehen, auch hier beide Seiten. Der Darlehensgeber kassiert höhere Zinsen als für eine der üblichen Geldanlagen, und Sie zahlen weniger als bei einem Geldin-stitut.

Ein weiteres Argument gegen die Bittstellerei ist, daß auch für solche Darlehen unter Privatleuten notarielle Kreditverträge abgeschlossen werden, die für beide Seiten Sicherheit schaffen. Auf einen solchen Ver-trag sollten Sie schon aus eigenem Interesse nicht verzichten. Denn er schützt Sie davor, daß der andere zu einem für Sie ungünstigen Zeitpunkt plötzlich sein gesamtes Darlehen zurückfordert oder Sie – zum Beispiel nach einem Todesfall – von den Erben zur sofortigen Rückzahlung auf-gefordert werden.

Wer sich innerhalb der Familie Geld besorgt, muß allerdings immer auch an das Finanzamt denken. Denn dort schaut man sich jede Steuerer-klärung von Immobilienkäufern verdammt genau an. Nicht nur wegen der Steuervorteile, die wir bereits dargestellt haben. Sondern auch, weil man beim Finanzamt ganz genau wissen möchte, woher Sie das Geld für den Kauf oder Bau von Haus oder Wohnung nehmen.

Brandgefährlich ist es deshalb, für eine Immobilienfinanzierung Schwarz-geld einzusetzen. Wer irgendwann einmal innerhalb der Familie einen größeren Geldbetrag geschenkt oder vererbt bekommen hat, ohne daß das Finanzamt davon erfuhr, kann dieses Vermögen nicht plötzlich bei der Immobilienfinanzierung als Eigenkapital einbringen. Die in solchen Fäl-len bei Nachfragen des Finanzamtes übliche Erklärung, man habe das Geld nebenbei gespart, ist kein Ausweg. Denn dann wollen die Leute von der Steuer wissen, warum man in den Vorjahren dafür keine Zinserträge angegeben hat. Und auch mit der Ausrede, man habe das Geld innerhalb der Familie geschenkt bekommen, sollte man vorsichtig sein: Dann wird nämlich dem Familienangehörigen, von dem das Geld stammen soll oder stammt, die Frage nach den Zinsen gestellt. Aus diesem Grund ist auch bei Verwandtendarlehen darauf zu achten, daß die Herkunft des Geldes dem Finanzamt schlüssig erklärt werden kann.

ZUSÄTZLICHE HILFEN VOM STAAT:
WER WENIG VERDIENT,
BEKOMMT KREDITE OHNE ZINSEN

. . . .

Eine wichtige Hilfe für alle, die Haus oder Wohnung für den eigenen Bedarf bauen oder kaufen wollen, sind die steuerlichen Vergünstigungen. Und die haben wir schon ausführlich erläutert. Zusätzlich gibt es aber noch weitere staatliche Hilfen, die in erster Linie kinderreichen Familien und Eigennutzern mit geringem Einkommen gewährt werden.

Vor allem zinsgünstige, manchmal auch zinslose Darlehen und Zuschüsse sind es, die von den jeweiligen Bundesländern gewährt werden. Grundlage für diese Hilfen ist das Zweite Wohnungsbaugesetz.

Und obwohl die Regelungen von Land zu Land unterschiedlich sind, gibt es bei den Einkommensgrenzen und bei den verschiedenen Förderungswegen doch Übereinstimmungen:

- Über den ersten Förderweg werden vor allem kinderreiche Familien unterstützt, wenn bestimmte Einkommensgrenzen (beim Vierpersonen-Haushalt z.B. 55.000 Mark brutto im Jahr abzüglich Freibeträge und Sonderausgaben, siehe nachfolgendes Rechenmuster) und Wohnflächen-Größen (130 Quadratmeter für vier Personen) nicht überschritten werden. Die zinsgünstigen Baudarlehen können im Einzelfall eine Größenordnung von mehr als 4.500 Mark pro Quadratmeter erreichen, zinslose Darlehen werden zum Teil bis zu einer Höhe von fast 100.000 Mark vergeben.

- Über den zweiten Förderweg gibt es zwar nicht mehr ganz so großzügige Hilfen, dafür dürfen die Einkommen aber bis 60 Prozent über den beim ersten Förderweg geltenden Grenzen liegen, auch die Wohnflächen dürfen um bis zu 20 Prozent größer sein. Außer kinderreichen Familien werden beim zweiten Förderweg oft auch jungverheiratete Ehepaare berücksichtigt.

- Über den dritten Förderweg gibt es Hilfen, die ganz nach Gutdünken der Länder ausgestaltet sein können und bei denen andere Einkommensgrenzen und Wohnflächen zu berücksichtigen sind – wenn der Topf mit den Zuschüssen noch etwas hergibt.

Bundeseinheitlich muß bei allen Fördermitteln berücksichtigt werden, daß auf zinsgünstige Darlehen oder Zuschüsse keine Rechtsansprüche geltend gemacht werden können und wegen der leeren Kassen in den Ländern ständige Änderungen zu erwarten sind. Vor allem aber gilt: Wenn der Topf mit den Hilfsgeldern erst mal leer ist, muß eventuell bis zum nächsten Jahr gewartet werden.

Schnelligkeit wird in jedem Fall belohnt, denn: Wer zuerst kommt, kassiert zuerst.

Diese Schnelligkeit darf aber auf keinen Fall in Voreiligkeit ausarten. Denn bundeseinheitlich gilt außerdem die Regel, daß mit dem Bau von Haus oder Wohnung bzw. der Unterschrift unter dem Kaufvertrag so lange gewartet werden muß, bis die Fördermittel bewilligt worden sind. Es hat also keinen Sinn, mit einem unterschriebenen Vertrag herumzuwedeln und damit den Gang der Dinge beschleunigen zu wollen. Wer vorschnell unterschreibt, kann nur noch den im Anschluß an dieses Kapitel beschriebenen Lastenzuschuß beantragen.

Einkommensgrenzen für zusätzliche Länder-Finanzhilfen:

Generell gelten für die Inanspruchnahme des ersten Förderungsweges die im Zweiten Wohnungsbaugesetz festgelegten Verdienstgrenzen – in einigen Bundesländern werden Fördermittel aber auch dann noch gewährt, wenn das Einkommen um zehn bis 15 Prozent über den folgenden Sätzen liegt:

Haushaltsgröße (Zahl der Familienangehörigen)	zulässiges Höchsteinkommen
eine Person	21.600 Mark
zwei Personen	31.800 Mark
drei Personen	39.800 Mark
vier Personen	47.000 Mark
fünf Personen	55.800 Mark
sechs Personen	63.000 Mark
sieben Personen	71.800 Mark
acht Personen	79.000 Mark

Wegen der beim zweiten Förderweg geltenden höheren Einkommensgrenzen und der unterschiedlichen Handhabung in den einzelnen Bundesländern sollte sogar bei Einkommen, die um 60 Prozent über den eben genannten Sätzen liegen, ein Antrag gestellt werden.

Wie das Haushaltseinkommen nach dem Zweiten Wohnungsbaugesetz ermittelt wird, zeigt das folgende Rechenschema:

BRUTTOEINKOMMEN aller im Haushalt lebenden Familienangehörigen	
– ABZÜGLICH DER WERBUNGSKOSTEN bzw. Betriebsausgaben bei Selbständigen (stehen in der Steuererklärung, je Arbeitnehmer mindestens den Pauschbetrag von 2.000 Mark abziehen)	–

– ABZÜGLICH UNTERHALTSZAHLUNGEN, z. B. an bedürftige und nicht zum Haushalt zählende Familienangehörige oder an getrennt lebende oder geschiedene Ehegatten	–
ZWISCHENSUMME	=
– ABZÜGLICH STEUERPAUSCHALE (ziehen Sie 10 Prozent der Zwischensumme ab, wenn die Einkommen versteuert werden müssen)	–
GESAMTEINKOMMEN nach Zweiten Wohnungsbaugesetz	=

EINE ADRESSE FÜR JEDES BUNDESLAND: HIER GIBT ES GELD – UND WEITERE INFORMATIONEN ÜBER DIE FÖRDERMITTEL

Weil in der augenblicklichen Situation wegen der angespannten Finanzlage mit ständigen Änderungen zu rechnen ist, sollten Sie sich selbst über den aktuellen Stand der jeweils geltenden Regelungen und der noch zur Verfügung stehenden Mittel informieren – auch wenn uns versichert wurde, bei den in der folgenden Aufstellung genannten Angaben zu Einkommensgrenzen und Förderbeträgen seien keine Änderungen geplant. Aber Sie wissen ja, wie es ist, wenn Politikern plötzlich etwas Neues einfällt… Für Nachfragen haben wir die jeweils zuständigen Behörden angegeben, zuständig sind immer die Dienststellen für Wohnungsförderung.

Baden-Württemberg
Wirtschaftsministerium
Theodor-Heuss-Straße 4
70174 Stuttgart
Telefon 07 11 / 12 30
Vergeben werden z. B. zinslose Darlehen bis 12.000 Mark oder zinsverbilligte Kredite bis 220.000 Mark, bevorzugt werden auch solche Familien

behandelt, die sanierungsbedürftigen alten Wohnraum aufgeben müssen. Außerdem gibt es Sonderprogramme für Familien, in denen Behinderte leben.

Bayern
keine zentrale Anlaufstelle, sondern Auskünfte über die Landratsämter und bzw. über die Rathäuser der kreisfreien Städte.
In Regionen mit erhöhtem Wohnungsbedarf, z. B. im Großraum München, laufen Sonderprogramme. Für zinslose Bau- und Familiendarlehen keine einheitliche Obergrenze.

Berlin
Senator für Bau- und Wohnungswesen
Württembergische Straße 6
10707 Berlin
Telefon 0 30 / 86 71
Zinsverbilligte Darlehen werden (einkommensabhängig) bis zu einer Größenordnung von 4.500 Mark pro Quadratmeter Wohnfläche vergeben, die Einkommensgrenzen liegen über denen des Zweiten Wohnungsbaugesetzes.

Brandenburg
Investitionskreditbank des Landes Brandenburg
Steinstraße 106
14480 Potsdam
Telefon 03 31 / 6 45 70
Gewährt werden bei Familien mit mindestens einem Kind zinsgünstige Baudarlehen bis 2.200 Mark pro Quadratmeter Wohnfläche, außerdem gibt es Eigenkapital-Ersatzdarlehen. Für den Erwerb der bisherigen Mietwohnung können Zuschüsse bis 20 Prozent des Kaufpreises gewährt werden, maximal 7.000 Mark für den Familienvorstand und 1.000 Mark für jeden weiteren Familienangehörigen.

Bremen
Senator für das Bauwesen
Ansgaritorstraße 2
28195 Bremen
Telefon 04 21 / 36 10
Nur Alleinstehende und/oder Ehepaare mit mindestens zwei Kinder kommen in den Genuß zinsloser Darlehen, über den zweiten Förderweg werden bis zu 75.000 Mark vergeben, wenn im Zusammenhang mit dem Eigentumserwerb eine Mietwohnung geräumt wird. Außerdem können für Darlehenszinsen Zuschüsse bis 3.000 Mark jährlich gewährt werden.

Hamburg
Hamburgische Wohnungsbaukreditanstalt
Besenbinderhof 31
20097 Hamburg
Telefon 0 40 / 24 84 61
Pro Quadratmeter werden maximal 1.500 Mark als zinsloses Baudarlehen gewährt, im zweiten Förderweg bis 1.000 Mark (bei maximal 75.000 Mark Einkommen). Zusätzliche zinsfreie Darlehen werden kinderreichen Familien gewährt, bzw. wenn ein Familienmitglied behindert ist. Außerdem wird in Verbindung mit der Liegenschaftsbehörde preisgünstiges Bauland aus städtischem Besitz abgegeben.

Hessen
Ministerium für Landesentwicklung,
Wohnen, Landwirtschaft, Forsten und Naturschutz
Hölderlinstraße 1
65187 Wiesbaden
Telefon 06 11 / 8 17 28 00
Für maximal 100 Quadratmeter Wohnfläche werden kinderreichen Familien Aufwendungszuschüsse gewährt (3 DM/m² monatlich). Bis zur Einkommensgrenze von 74.480 Mark werden über den zweiten Förderweg auch Aufwendungsdarlehen vergeben.

Mecklenburg-Vorpommern
Innenministerium
Am Pfaffenteich
19055 Schwerin
Telefon 03 85 / 57 40
Für den Erwerb der bisherigen Mietwohnung werden Zuschüsse in Höhe
von 20 Prozent des Kaufpreises gewährt, maximal 7.000 Mark für den
Familienvorstand und 1.000 Mark für jeden weiteren Familienangehörigen. Außerdem Aufwendungs- und zinsgünstige Darlehen bei Einkommen bis maximal 65.000 Mark, Änderungen waren zum Redaktions-
schluß in Arbeit.

Niedersachsen
Sozialministerium
Hinrich-Wilhelm-Kopf-Platz 2
30159 Hannover
Telefon 05 11 / 12 01
Familien mit mindestens drei Kindern und solche, in denen Schwerbe-
hinderte leben, erhalten zinslose Darlehen und/oder Aufwendungszu-
schüsse bis zu 4,20 Mark pro Quadratmeter im Monat.

Nordrhein-Westfalen
Ministerium für Bauen und Wohnen
Elisabethstraße 5 – 11
40217 Düsseldorf
Telefon 02 11 / 3 84 30
Als Baudarlehen werden 75.000 Mark zinsfrei vergeben, in Ballungsge-
bieten kommen eventuell noch Zuschläge hinzu. Berechtigt sind auch
Familien mit zwei Kindern und einem Einkommen bis zu 50.190 Mark.
Familien mit einem Kind (Einkommen bis 57.360 Mark) können bis zu
45.000 Mark als zinsloses Darlehen erhalten, Aufwendungsdarlehen
werden sogar an Familien mit nur einem Kind und bis zu 76.480 Mark
Einkommen vergeben.

Rheinland-Pfalz
Finanzministerium
Kaiser-Friedrich-Straße
55116 Mainz
Telefon 0 61 31 / 160
Nur bei Einkommen bis zu 47.800 Mark bekommen Familien mit mindestens drei bzw. Alleinerziehende mit mindestens zwei Kindern Bau-, Aufwendungs- und (in Ballungsräumen) Zusatzdarlehen. Gefördert wird auch beim Auszug aus einer Sozialwohnung.

Saarland
Finanzministerium
Dienststelle für Wohnungsförderung
Hardenbergstraße 6
66119 Saarbrücken
Telefon 06 81 / 50 11
Bei Einkommen bis zu 47.800 Mark werden Landesbaudarlehen bis 70.000 Mark an kinderreiche Familien und Familien mit Schwerbehinderten vergeben, Aufwendungsdarlehen bei Einkommen bis 76.480 Mark.

Sachsen
Staatsministerium des Innern
Archivstraße 1
01097 Dresden
Telefon 03 51 / 5 64 35 30
Familien mit einem Einkommen bis maximal 60.000 Mark können bis zu 180.000 Mark als zinsgünstiges Darlehen (Laufzeit bis 15 Jahre) erhalten, Vierpersonen-Haushalte mit maximal 78.000 Mark Einkommen erhalten bis zu 120.000 Mark als zinsgünstiges Darlehen, Sonderregelungen auch für Jungverheiratete und Familien mit Kleinkindern sowie beim Bau von zusätzlichem Wohnraum in bestehenden Gebäuden. Außerdem für den Erwerb der bisherigen Mietwohnung Zuschüsse bis 20 Prozent des Kaufpreises, maximal 7.000 Mark für den Familienvorstand und 1.000 Mark für jeden weiteren Familienangehörigen.

Sachsen-Anhalt
Ministerium für Raumordnung, Städtebau und Wohnwesen
Herrenkrugstraße 66
39114 Magdeburg
Telefon 03 91 / 5 67 75 04
Bei Einkommen bis 62.140 Mark (Vierpersonen-Haushalt) werden
Darlehen bis 72.000 Mark vergeben, bei Einkommen bis 76.480 Mark
Baudarlehen bis maximal 48.000 Mark. Außerdem Zuschüsse bis 20 Pro-
zent des Kaufpreises beim Kauf bisher schon genutzter Mietwohnungen,
maximal 7.000 Mark für den Familienvorstand und 1.000 Mark für jeden
weiteren Familienangehörigen.

Schleswig-Holstein
Innenministerium
Düsternbrooker Weg 92
24105 Kiel
Telefon 04 31 / 59 61
Nur wenn Wohnungsnotstand nachgewiesen werden kann, werden Bau-
darlehen bis zu 110.000 Mark vergeben (Einkommensgrenzen nach
Tabelle). Außerdem Aufwendungsdarlehen bis zu 2.484 Mark pro Jahr.

Thüringen
Innenministerium
Schillerstraße 27
99099 Erfurt
Telefon 03 61 / 3 98 22 48
Vergabe von zinsfreien Darlehen über maximal 98.000 Mark auf dem
ersten Förderweg (Einkommen nach Tabelle) bzw. von zinsbegünstigten
Darlehen bis 78.000 Mark auf dem zweiten Förderweg auch bei höheren
Einkommen. Für den Erwerb der bisherigen Mietwohnung können
Zuschüsse bis 20 Prozent des Kaufpreises gewährt werden, maximal
7.000 Mark für den Familienvorstand und 1.000 Mark für jeden weiteren
Familienangehörigen.

WENN SIE BEI DER FÖRDERUNG LEER AUSGEHEN: LASTENZUSCHUSS ALS WOHNGELD-ERSATZ FÜR EIGENTÜMER

Zu Anfang des Kapitels hatten wir bereits darauf hingewiesen, daß die Förderungsmittel bewilligt sein müssen, bevor gebaut oder gekauft wird. Wer gegen diese Regel verstoßen hat und deshalb keine Förderung bekommt, kann den Staat trotzdem noch zur Kasse bitten. Das gleiche gilt, wenn den Eigentümern nach dem Einzug die monatlichen Belastungen durch den Kauf oder Bau von Wohnung oder Haus über den Kopf wachsen. Allerdings ist der Zuschuß an Einkommensgrenzen, an die Höhe der monatlichen Belastungen für den Eigentümer und – wie beim Wohngeld – an die Höhe der ortsüblichen Mieten gekoppelt.

Berechtigt ist in den westlichen Bundesländern zum Beispiel eine vierköpfige Familie, deren Gesamteinkommen (Summe aller Gehälter, von Arbeitslosengeld oder -hilfe, Unterhaltszahlungen und Renten) monatlich unter der Grenze von 4.420 bzw. 4.820 Mark liegt. Der höhere Betrag gilt in Regionen mit besonders hohem Mietpreisniveau, zum Beispiel in München, Düsseldorf, Hamburg oder Berlin. In den neuen Bundesländern gilt noch bis Ende 1994 einheitlich eine Einkommens-Höchstgrenze von 3.600 Mark.

Entscheidend für die Höhe des Lastenzuschusses ist die Summe aller monatlichen Ausgaben für Kapitaldienst (Zinsen, Kredittilgung), Instandhaltungs- und Betriebskosten, Grundsteuer und Verwaltungskosten sowie im Osten der Energiekosten. Weil die Berechnung des jeweiligen Zuschusses von zu vielen unterschiedlichen Faktoren abhängig ist, kann der Betrag deutlich über 100 Mark im Monat liegen, im ungünstigsten Fall gibt es nur 29 Mark.

Anträge für den Lastenzuschuß müssen bei der Wohngeldstelle des zuständigen Wohnungsamtes gestellt werden – und zwar für jedes Jahr erneut. Denn die Zuschüsse werden jeweils nur für einen Zeitraum von zwölf Monaten bewilligt.

Bevor wir Finanzierungs-Angebote einholen: So blicken Sie bei Zinsen und Tilgung durch

• •

Wenn Sie bereits Erfahrungen mit Baudarlehen gesammelt haben und Ihnen Begriffe wie „Annuität", „Restschuld" oder „Tilgungssatz" geläufig sind, dann begrüßen wir Sie als in diesem Kapitel als Profi. Überblättern sollten Sie es aber trotzdem nicht – denn es gibt hier einige bestimmt auch für Sie noch interessante Vergleiche und Tabellen. In erster Linie aber wenden wir uns mit diesem Abschnitt an alle, die bisher keine größeren Erfahrungen mit Baudarlehen gemacht haben. Denn bei den Baudarlehen ist manches anders als bei den normalen (Raten-) „Krediten", wie sie zum Beispiel zur Auto- oder Einrichtungs-Finanzierung aufgenommen werden.

Die größte Bedeutung hat allerdings auch bei den Baudarlehen immer der Zinssatz. Er sagt schließlich, wieviel Prozent der Kreditsumme wir pro Jahr quasi als Ausleihgebühr für das fremde Geld bezahlen müssen. Und dieser Zinssatz für Baudarlehen liegt, je nach Wirtschaftslage und Situation am Geldmarkt, zwischen unter sieben und über zehn Prozent pro Jahr. Wer sich also 100.000 Mark leihen will, muß bei einem Zinssatz von 7,5 Prozent genau 7.500 Mark jährlich berappen – 625 Mark im Monat. Unterscheiden müssen wir da übrigens noch zwischen dem Nominalzins und dem normalerweise etwas höheren Effektivzins. Denn der Nominalzinssatz sagt zwar, zu welcher Ausleihgebühr und die Bank das Geld gibt. Weil aber eventuell noch Bearbeitungsgebühren hinzukommen und auch die Berechnungsweise der Zinsen auf den Darlehensbetrag unterschiedlich sein kann (monatlich, vierteljährlich, jährlich), sind die Banken gesetzlich zur Angabe des Effektivzinssatzes verpflichtet. Damit soll Verbrauchern die Vergleichbarkeit unterschiedlicher Angebote erleichtert werden.

Nun wird allerdings bei einem Baudarlehen der Zinssatz nicht für die gesamte Laufzeit des Darlehens festgelegt, sondern man einigt sich auf eine Zinsfestlegungszeit, die manchmal auch als Zinsbindung oder Zinsfestschreibung bezeichnet wird. Üblich sind da vor allem Zeiträume von fünf, zehn und 15 Jahren. Innerhalb dieser Zeitspanne muß oder darf der Kreditnehmer nicht mit Überraschungen rechnen. Auch wenn sich am Geldmarkt das allgemeine Zinsniveau verändert, behält er die vereinbarten Konditionen. Das ist gut, wenn er sein Darlehen in einer Zeit niedriger Zinsen vereinbart hat. Dann sollte eine möglichst lange Zinsbindung vereinbart werden. Bei einem hohen Zinsniveau dagegen sollte der Zins nur für eine kurze Zeit (z. B. zwei Jahre) festgeschrieben werden. Das eröffnet die Chance, bei gesunkenen Zinsen neue Konditionen zu vereinbaren und übers Jahr ein paar hundert oder tausend Mark zu sparen.

Aber wir haben vorhin schon die Zinsen nur als so eine Art Ausleihgebühren bezeichnet. Und die allein bringen uns überhaupt nicht weiter. Denn wenn wir nur Zinsen zahlen, kommen wir von unseren Schulden niemals herunter. Wir müssen auch noch das geliehene Geld nach und nach zurückzahlen. Und das ist die Tilgung, die zusätzlich zu den Zinsen vereinbart werden muß. Auch sie wird als Prozentsatz angegeben. Und als Faustregel gilt, daß es bei dem üblichen niedrigsten Tilgungssatz von einem Prozent zwischen 25 und fast 33 Jahre dauert, bis ein Baudarlehen völlig zurückgezahlt ist.

Nun wollen wir Sie zwar nicht verwirren, aber jetzt ist es an der Zeit, einen neuen Begriff ins Spiel zu bringen. Den müssen Sie nämlich unbedingt kennen, wenn es um Baukredite geht: das Annuitätendarlehen. Und so schlimm es sich anhören mag, so leicht läßt sich dieses Ding erklären: Als Annuität bezeichnet man die Summe des jährlich für Zinsen und Tilgung zu bezahlenden Geldbetrages.

Ein anderes Wort für das Annuitätendarlehen ist die Tilgungshypothek. Und sie ist das normalerweise beste Finanzierungsmittel für den Immobilienkauf. Denn mit jeder Monatsrate, die wir an das Geldinstitut überweisen, bezahlen wir einerseits Zinsen, andererseits stottern wir über den Tilgungsanteil ein wenig von unserer Schuld ab. Nach jeder Ratenzahlung erfolgt eine Tilgungsverrechnung. Und die hat zur wunderbaren Folge, daß wir ab sofort nicht mehr auf den vollen Darlehensbetrag Zinsen bezahlen müssen, sondern nur noch auf die Restschuld, das ist die Darlehenssumme abzüglich der bereits geleisteten Tilgung. Der in unserer gleichbleibenden Monatsrate enthaltene Anteil für die Zinszahlung wird deshalb ständig ein wenig geringer, während der Anteil für die Tilgung steigt. Deshalb meint bei Annuitätendarlehen der vereinbarte Tilgungssatz auch immer nur die Anfangstilgung, denn schon nach der ersten Rate steigt dieser Satz geringfügig, aber beständig an. Noch deutlicher wird das bei einem Blick auf die folgende Tabelle:

Tilgungsverlauf bei einem Annuitätendarlehen:
Das folgende Beispiel bezieht sich auf eine Darlehenssumme von 300.000 Mark. Sie wird zu 100 Prozent ausgezahlt. Vereinbart wird ein Zinssatz von 7 Prozent und eine Tilgung von 3 Prozent (Anfangstilgung). Die Annuität (3 % Tilgung + 7 % Zinsen = 10 % aus 300.000 Mark) beträgt also jährlich 30.000 Mark bzw. monatlich 2.500 Mark.

JAHR	KAPITAL (Restschuld)	ANNUITÄT (Jahressumme aller Raten)	in Annuität enthalten TILGUNG	in Annuität enthaltene ZINSEN
1	300.000,00 DM	30.000 DM	9.000,00 DM	21.000,00 DM
2	291.000,00 DM	30.000 DM	9.630,00 DM	20.370,00 DM
3	281.370,00 DM	30.000 DM	10.304,10 DM	19.695,90 DM
4	271.065,90 DM	30.000 DM	11.025,39 DM	18.974,61 DM

Bei gleichbleibendem Verlauf wäre das Darlehen nach 18 Jahren getilgt

VOM ZINSSATZ UND DER TILGUNG HÄNGT DIE LAUFZEIT AB:

Erinnern Sie sich noch daran, was wir vorhin über die Laufzeit von Darlehen mit der Standard-Tilgung von einem Prozent gesagt hatten? Da war von 25 bis über 30 Jahren die Rede. Und wenn Sie jetzt noch mal unsere Anmerkung in der eben gezeigten Tabelle betrachten, soll plötzlich nach 18 Jahren alles erledigt sein? Ja, so ist es, und wir haben uns nicht vertan. Denn die Laufzeit wird immer von der Höhe des Zinssatzes und – noch entscheidender – von der des Tilgungssatzes bestimmt. Wer's eilig hat, der kann sich diesen Zusammenhang aus der folgenden Tabelle herauslesen. Aber Vorsicht: Ehe Sie sich jetzt in die wunderbar kurze

Tilgungsdauer bei hohen Tilgungssätzen verlieben, sollten Sie sich doch die nach der Tabelle folgenden Absätze anschauen. Denn da haben wir an einem Beispiel aus der Praxis durchgerechnet, was die höhere Tilgung für den Darlehensnehmer bedeutet.

Tilgungs-satz	ZINSSATZ (NOMINALZINS) PRO JAHR						
	6%	7%	7,5%	8%	8,5%	9%	9,5%
	TILGUNGSDAUER IN JAHREN						
1%	33,40	30,74	29,60	28,56	27,61	26,73	25,91
2%	23,80	22,24	21,55	20,92	20,34	19,79	19,28
3%	18,86	17,80	17,33	16,89	16,48	16,09	15,73
4%	15,73	14,95	14,61	14,28	13,97	13,69	13,4
5%	13,54	12,94	12,68	12,42	12,18	11,95	11,7
6%	11,90	11,44	11,22	11,01	10,82	10,64	10,4
7%	10,63	10,25	10,07	9,91	9,75	9,60	9,4
8%	9,61	9,30	9,15	9,01	8,88	8,75	8,6
9%	8,87	8,51	8,39	8,27	8,16	8,05	7,9
10%	8,07	7,85	7,75	7,65	7,55	7,46	7,37

Am Beispiel eines Darlehens über 200.000 Mark, aufgenommen zu einem (bis in die Ewigkeit, was nur in Beispielen geht) festgeschriebenen Zinssatz von 7,5 Prozent läßt sich erkennen, welche tatsächlichen Belastungen – aber auch welche Vorteile – sich bei der Wahl einer anderen als der einprozentigen Standardtilgung ergeben:

Bei einem Prozent Tilgung beträgt die Rückzahlungszeit für das Darlehen (nach der schon erwähnten und für jeden Darlehensbetrag gültigen Faustregel) rund 30 Jahre. Innerhalb dieser Zeit muß der Kreditkunde in jedem Monat etwa 1.380 Mark an seine Bank zahlen. Über den gesamten Zeitraum von 30 Jahren überweist er dem Geldinstitut insgesamt knapp 500.000 Mark. Zieht man einmal die reine Rückzahlung der geliehenen 200.000 Mark ab, verbleiben also als Ausleihkosten für das geborgte Geld rund 300.000 Mark. Das ist verdammt viel – aber es geht ja auch anders...

Bei zwei Prozent Tilgung (Kreditbetrag und Zinssatz bleiben hier in allen Beispielen gleich) muß der Darlehenskunde nur 22 Jahre lang jeden Monat bezahlen – aber die Rate erhöht sich auf etwa 1.550 Mark im Monat. Der Lohn für die größere Monatsbelastung kann sich sehen lassen: Innerhalb der 22 Jahre muß unser Immobilienkäufer nämlich jetzt nur rund 400.000 Mark an die Bank bezahlen – gegenüber dem ersten Beispiel mit einem Prozent Tilgung hat er also fast 100.000 Mark an Ausleihkosten gespart. Wer bereit und in der Lage ist, eine erheblich höhere Monatsbelastung zu tragen, kommt natürlich noch viel besser weg:

Bei drei Prozent Tilgung steigt die monatliche Rate auf rund 1.700 Mark. Dafür reduziert sich die Rückzahlungszeit auf 18 Jahre. Der Gesamtbetrag, den das Geldinstitut überwiesen bekommt, sinkt auf etwa 360.000 Mark. Sie merken schon: Gegenüber dem ersten Beispiel mit einem Prozent Tilgung haben sich die reinen Zinskosten um etwa die Hälfte reduziert, statt 300.000 Mark Ausleihkosten fürs geborgte Geld sind es jetzt nur noch etwa 160.000 Mark. Das gefällt Ihnen, und Sie wollen noch weniger an die Bank bezahlen? Gut, aber dann wird es bitter, denn jetzt geht es bei der Monatsrate richtig zur Sache...

Bei vier Prozent Tilgung sind nämlich fast 1.900 Mark im Monat zu bezahlen. Doch der Lohn ist, daß sich die Laufzeit des Darlehens bis zur völligen Rückzahlung auf 15 Jahre verringert und die Bank insgesamt nur noch einen Betrag von etwa 330.000 Mark bekommt – die Gesamtkosten für das Ausleihen von 200.000 Mark sinken dann also auf etwa 130.000 Mark. Das wäre nun wirklich ein Grund, sich die Hände zu reiben – aber schauen Sie sich vorher noch mal an, mit welcher Monatsbelastung dieser Vorteil erkauft werden muß. Gegenüber dem ersten Beispiel mit einem Prozent Tilgung steigt nämlich die Monatsrate von ursprünglich etwa 1380 Mark um über 500 Mark. Wir haben das – der besseren Übersicht wegen – noch einmal in der folgenden Tabelle dargestellt. Damit sie leichter zu überschauen ist, haben wir Beträge und Laufzeiten auch in der Tabelle grob gerechnet und gerundet. Denn im jeweils letzten Jahr der Laufzeit muß die Monatsrate nicht mehr für volle zwölf Monate gezahlt werden – aber das können wir bei diesen Gesamtlaufzeiten vernachlässigen.

Das Beispiel in der Übersicht:
So verändern sich Laufzeiten und Kosten eines zu 100 Prozent
ausgezahlten Darlehens über 200.000 Mark mit einem Nominalzins
von 7,5 Prozent:

Tilgungssatz in Prozent	Laufzeit in Jahren	Monatsrate in Mark	Gesamtbetrag in Mark (Zins + Tilgung)
1	30	1.380	500.000
2	22	1.550	400.000
3	18	1.700	360.000
4	15	1.900	330.000

Vorsicht, hier lauert eine gefährliche Finanzierungsfalle: Das Disagio kann Sie zum ewigen Schuldner machen

Spätestens dann, wenn Sie in Gesprächen mit der Bank ein langes Gesicht wegen der hohen Monatsraten machen, wird Ihnen das Zauberwort zum erstenmal begegnen: Disagio. Nun muß man zwar nicht unbedingt wissen, daß dieser Begriff aus dem Italienischen kommt – aber seine Übersetzung ins Deutsche sollte jeder Kreditnehmer kennen: Abschlag oder Abgeld. Ein anderer Ausdruck für Disagio, von Geldinstituten nicht mehr so oft verwendet, kommt aus dem Lateinischen: Damnum. Und da machen die deutschen Worte noch deutlicher, was auf den ahnungslosen Kreditnehmer zukommt: Schaden, Nachteil lautet die korrekte Übersetzung.

Unter dem Disagio versteht man nämlich einen Geldbetrag, der vor der Auszahlung von der Kreditsumme abgezogen wird. Im Klartext: Wer ein Darlehen über 100.000 Mark aufnimmt und ein Disagio von 5 Prozent vereinbart, bekommt tatsächlich nur 95.000 Mark ausgezahlt – Zinsen und Tilgungsraten bezahlt man aber auf den vollen Betrag von 100.000 Mark.

Was sich hier nun wie ein Stück aus dem Tollhaus anhören mag, macht aber manchmal tatsächlich einen Sinn. Denn das Disagio ist eine vorweggenommene Zinszahlung. Je höher das Disagio, desto niedriger werden die Schuldzinsen für das Darlehen angesetzt.

Für uns als Immobilienkäufer kann das von erheblichem Vorteil sein:

- Bei selbstgenutzten Immobilien ist es nur teilweise oder gar nicht möglich, mit den Schuldzinsen Steuerersparnisse herauszuholen. Wenn aber das Darlehen frühzeitig gesichert und das Disagio bereits bezahlt ist, können diese Finanzierungskosten als Vorkosten berücksichtigt werden. Einzelheiten dazu haben wir bei den Steuertips erläutert.

- Bei vermieteten Immobilien kann das Disagio ebenfalls steuermindernd eingesetzt werden. Und weil sich die monatlichen Zinszahlungen durch den vorweggenommenen Abzug senken lassen, kann über das Disagio mit einigem Geschick die Monatsrate perfekt den Mietzahlungen angeglichen werden. Der Anleger muß also nicht laufend aus der eigenen Tasche eine monatliche Unterdeckung finanzieren.

Wo bleibt denn da der Nachteil, und wo lauert da die Falle, möchte man sich jetzt fragen. Doch auch das ist schnell erklärt: Denn über das Disagio lassen sich zwar die monatlichen Ratenzahlungen verringern. Andererseits beträgt der Auszahlungskurs des Darlehens aber nicht mehr 100 Prozent. Wir müssen also mehr Geld aufnehmen, Nominalschuld genannt, damit nach Abzug des Disagios immer noch die von uns wirklich benötigte Kreditsumme zur Verfügung steht. Zu kompliziert? Dann schauen Sie sich mal die folgende Übersicht an:

So beeinflussen Disagio und Auszahlungskurs die Kreditsumme:
Den vollen Kreditbetrag bekommt man nur bei einem Auszahlungskurs von 100 Prozent zur Verfügung gestellt. Also dann, wenn kein Disagio zu bezahlen ist. Bei allen anderen Auszahlungskursen muß man eine zum Teil erheblich höhere Nominalschuld eingehen. Mit Hilfe der unten angegebenen Werte kann übrigens jeder selbst ausrechnen, welche Nominalschuld er bei welchem Auszahlungskurs eingehen muß, um den tatsächlich erforderlichen Darlehensbetrag ausgezahlt zu bekommen. Beispiel: Wird bei einem Kurs von 94 Prozent ein Auszahlungsbetrag von 170.000 Mark benötigt, so muß eine Nominalschuld von (2 x 10.638 DM + 1 x 53.191 DM + 1 x 106.382 DM) insgesamt 180.849 Mark finanziert werden.

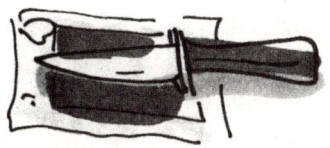

AUSZAHLUNG	NOMINALSCHULD Um den gleichen Betrag zu erhalten, der bei einem Aus- zahlungskurs von 100% gezahlt wird, müssen die folgenden Summen als Darlehensbetrag aufgenommen und finanziert werden:			
100%	10.000 DM	50.000 DM	100.000 DM	200.000 DM
99%	10.101 DM	50.505 DM	101.010 DM	202.020 DM
98%	10.204 DM	51.020 DM	102.040 DM	204.081 DM
97%	10.309 DM	51.546 DM	103.092 DM	206.185 DM
96%	10.417 DM	52.083 DM	104.166 DM	208.333 DM
95%	10.526 DM	52.631 DM	105.263 DM	210.526 DM
94%	10.638 DM	53.191 DM	106.382 DM	212.765 DM
93%	10.753 DM	53.763 DM	107.526 DM	215.053 DM
92%	10.869 DM	54.347 DM	108.695 DM	217.391 DM
91%	10.989 DM	54.945 DM	109.890 DM	219.780 DM
90%	11.111 DM	55.555 DM	111.111 DM	222.222 DM

Womöglich wird Ihnen die mit einem Disagio verbundene Gefahr auch jetzt noch nicht so recht deutlich. Denn auf den höheren Kreditbetrag kann man sich schließlich einstellen. Hauptsache, die Raten bleiben erträglich. Doch genau da steckt der Teufel im Detail. Wer nämlich den niedrigeren Auszahlungskurs und das Disagio nur schluckt, um bei den Raten besser wegzukommen, der wird ganz automatisch zum ewigen Schuldner.

Warum, das zeigt Ihnen das folgende **Rechenbeispiel**:
Benötigt wird ein ausgezahltes Darlehen von 200.000 Mark,
die Zinssätze sind für fünf Jahre fest vereinbart.

	100% Auszahlung	❶ 90% Auszahlung	❷ 90% Auszahlung
Nominalschuld	200.000 DM	222.222 DM	222.222 DM
Auszahlungsbetrag	200.000 DM	200.000 DM	200.000 DM
Disagio	entfällt	10%	10%
Nominalzins	7,96%	5,47%	5,47%
Tilgung	1,27%	1,01%	2,98%
Monatsrate	1.538 DM	1.199 DM	1.539 DM
Restschuld nach fünf Jahren	184.415 DM	209.418 DM	184.368 DM

Beim Beispiel ❶ könnte sich der Darlehensnehmer wirklich über die
niedrige Monatsrate freuen, er bezahlt durch das Disagio über 300 Mark
weniger als bei einer Auszahlung von 100 Prozent. Aber wenn Sie sich in
derselben Spalte die Restschuld nach fünf Jahren anschauen, stellen Sie
fest: Die Schulden des bedauernswerten Menschen liegen um 9.418 Mark
über der Summe des fünf Jahre zuvor tatsächlich ausgezahlten Darlehens. Er befindet sich auf dem sicheren Weg zum ewigen Schuldner.

Beim Beispiel ❷ dagegen hat der Darlehenskunde es richtig gemacht: Er
kann über das Disagio eventuelle Steuervorteile ausnutzen (der Vorkostenabzug bei 100.000 Mark Einkommen bringt bei einem Ledigen etwa
4.500 Mark Ersparnis) - durch seinen höheren Tilgungssatz bezahlt er
aber fast die gleiche Ratenhöhe wie im Beispiel ohne Disagio. Nach fünf
Jahren ist seine Restschuld deshalb bereits spürbar gesunken.

Unbedingt beachten – die Grundregeln beim Disagio:
Wer sich auf einen Auszahlungskurs unter 100 Prozent einläßt, zahlt im
voraus einen Teil der Zinsen. Deshalb sollte ein Disagio nur vereinbart
werden, wenn die Zinsen für einen Zeitraum von fünf oder zehn Jahren

festgelegt sind. Auf einen variablen Zinssatz sollte man sich bei einem Disagio selbst in Hochzinsphasen nicht einlassen, weil die Banken bei später fälligen Zinssenkungen gern das Disagio „vergessen". Manchmal schaffen sie es sogar unbemerkt, sich beim Zins auf das Niveau für sonst ohne Disagio ausgezahlte Darlehen zu schummeln. Für den Kunden ist das kaum nachvollziehbar – aber seine anfangs erkauften Vorteile (mit Ausnahme eines eventuellen Steuergewinns) sind weg. Grundsätzlich sollte

- ein Disagio niemals nur deshalb abgeschlossen werden, um die Monatsraten zu drücken – der ewige Schuldner läßt grüßen;

- bei der Entscheidung fürs Disagio die Tilgung heraufgesetzt werden, um zum Ablauf der Zinsbindung tatsächlich auf eine deutlich unter den Auszahlungsbetrag gefallene Restschuld zu kommen;

- das Disagio (eventuell in Absprache mit dem Steuerberater) so gewählt werden, daß es beim Vorkostenabzug zu berücksichtigen ist und mit der Steuerersparnis Sondertilgungen (z. B. beim Bausspardarlehen) geleistet oder restliche Baukosten bezahlt werden können, die dann nicht mitfinanziert werden müssen.

Baudarlehen von der Lebensversicherung: Gute Geschäfte nur für Steuersparer und Geldanleger

Wenn Sie ein Eigenheim oder eine Eigentumswohnung kaufen oder bauen wollen, um selbst einzuziehen, können Sie jetzt die Lektüre dieses Buches erheblich abkürzen: Die Finanzierung Ihres Vorhabens über eine Lebensversicherung ist nicht zu empfehlen. Wer jedoch Geld anlegen, Steuern sparen und sich eine Immobilie anschaffen will, um sie anschließend zu vermieten, für den lohnt sich das Gespräch mit den Versicherern. Und das hängt mal wieder mit den Steuergesetzen zusammen. Denn vielleicht erinnern Sie sich noch an die Musterrechnungen, die wir für die Finanzierung von vermieteten Immobilien aufgemacht haben. Weil alle Ausgaben für die Finanzierung von den Einnahmen aus der Miete abgezogen werden dürfen, bedeuten hohe Kosten zugleich auch einen großen Steuervorteil. Und da läßt sich eine Hypothek über die Kapitallebensversicherung sehr geschickt einsetzen. Denn über die gesamte Laufzeit werden vom Kunden nur Zinsen gezahlt, die er steuerwirksam einsetzen kann. Die sich sonst über Jahre streckende Tilgung des Darlehens erfolgt hier auf einen Schlag: Wenn nämlich die abgeschlossene Lebensversicherung fällig wird, verrechnet das Unternehmen die abgetretene Versicherungssumme mit dem Darlehen. Und weil das in der Lebensversicherung gesammelte Geld einschließlich der Gewinn- bzw. Überschußanteile steuerfrei ist, kann der Anleger ein gutes Geschäft machen. Obwohl wir ganz am Anfang dieses Buches die Kapital-Lebensversicherung als keine unbedingt empfehlenswerte Anlageform bezeichnet haben, kann sie in dieser Form also durchaus lohnend sein – zumal die Konditionen der Versicherer bei der Vergabe von Hypotheken durchweg unter denen anderer Geldinstitute liegen.

Um die Steuervorteile wirklich ausnutzen zu können, müssen jedoch seit Februar 1992 einige Feinheiten peinlich genau beachtet werden. So dürfen zum Beispiel die abgetretenen Ansprüche aus der Lebensversicherung niemals höher als die Anschaffungs- und Herstellungskosten der

Immobilie sein. Hier wird der häufigste Fehler gemacht, wenn normalerweise kommen zu den Schaffungs- und Herstellungskosten auch noch Bearbeitungs- oder Gutachterkosten und eventuell ein Disagio als vorweggenommene Zinszahlung. Diese Beträge können zwar über das Darlehen finanziert werden, die Abtretung darf dann aber nicht über die volle Darlehenssumme erfolgen. Einen Teil des Darlehens muß der Anleger also aus anderen Mitteln als der Lebensversicherung zurückzahlen.

Eine Falle beim Kauf gebrauchter Immobilien, also vorzugsweise von älteren Eigentumswohnungen: Im Kaufpreis ist üblicherweise ein Anteil für die vom Käufer mit erworbene Instandhaltungsrücklage enthalten. Und dieser Anteil darf ebenfalls nicht von der Abtretung der Lebensversicherung umfaßt werden. Und das von der Versicherung ausgezahlte Darlehen muß innerhalb einer Frist von 30 Tagen weitergeleitet werden. Auf keinen Fall darf der Anleger es längere Zeit auf seinem eigenen Konto parken und dann womöglich noch Zinsen dafür kassieren.

Wenn das Finanzamt Zweifel anmeldet und die Steuervorteile streichen will, ist immer der Steuerzahler beweispflichtig. Auch nach Jahren kann es deshalb noch wichtig sein, alle Unterlagen aufbewahrt zu haben. Wegen der zahlreichen Fallstricke durch das Steueränderungsgesetz sollte die Finanzierung von Immobilien über Lebensversicherungen immer mit einem Steuerberater abgestimmt werden.

GELD VON DER BAUSPARKASSE:
SO HOLEN SIE DIE MEISTEN VORTEILE HERAUS

• •

Wenn die Zahlen der Bausparkassen stimmen, dann besitzt jeder dritte Bundesbürger einen Bausparvertrag. Und wenn Sie dieses Buch lesen, weil Sie eine Immobilie kaufen oder bauen wollen, dann hoffen wir für Sie, daß Sie zu den Bausparern gehören.

Denn trotz manch berechtigter Kritik an den Bausparkassen und deren vom Verbraucher kaum zu durchblickenden Tarif-Dschungel bieten Bausparverträge mehrere Pluspunkte:

- Schon bei Abschluß eines Vertrages erwirbt man den Anspruch auf ein zinsgünstiges Darlehen zu Konditionen, die sich während der gesamten späteren Laufzeit nicht verändern.
- Die Belastung durch die Finanzierung ist nach Auszahlung des Bauspardarlehens für die gesamte Laufzeit genau zu überschauen.
- Bausparer werden mit staatlichen Wohnungsbauprämien belohnt und profitieren außerdem von Steuererleichterungen und Vermögensbildungs-Zulagen.
- Das Darlehen von der Bausparkasse wird wesentlich schneller zurückgezahlt als ein normales Annuitätendarlehen. Der Bausparer ist schneller schuldenfrei.

Diese Vorteile – nehmen wir als Beispiel nur den letzten Punkt mit der schnelleren Entschuldung – werden aber zum Teil durch Nachteile an anderer Stelle erkauft: So muß ein Bausparer in der ersten Phase nach dem Einzug in sein neues Heim meistens erheblich höhere monatliche Raten als bei anderen Finanzierungsformen aufbringen.

Trotzdem überwiegen die Vorteile – vorausgesetzt, man durchschaut die Technik des Bausparens und tappt nicht in die Fallen, die einem manchmal (und oft in Form unnötig hoher Vertragssummen) sogar von den Vertretern der Kassen hingestellt werden. Deshalb wollen wir zunächst auf das Prinzip und auf die Grundregeln kommen. Und da muß man zuerst wissen, daß beim Bausparen die wichtige Unterscheidung zwischen Spar- und Darlehensphase zu machen ist. Diese werden auch anhand der beiden Tabellen auf Seite 166 und 168 deutlich, die wir für zwei typische Bauspar-Finanzierungen ausgearbeitet haben.

In der Sparphase, also sofort nach Abschluß des Vertrages, wird das Bausparguthaben angesammelt – und mit einem mageren Satz verzinst. Je nach Bausparkasse und Tarif liegen die Guthabenzinsen in der Sparphase zwischen 2,5 und vier Prozent.

Die Zuteilung des Vertrages bedeutet, daß der Bausparer ein Darlehen in Höhe der abgeschlossenen Vertragssumme beanspruchen kann. Sie erfolgt, sobald Sparguthaben, Zinsen und eventuelle Prämien einen Satz von 40 bis 50 Prozent der Vertragssumme (hängt vom Tarif ab) erreicht haben. Außerdem muß aber noch eine festgelegte Mindestvertragsdauer eingehalten sein. Deshalb kommt auch, wer heute einen Vertrag abschließt und sofort die gesamte Mindestansparsumme einzahlt, nicht morgen schon in den Genuß des billigen Darlehens. Das Geld muß – je nach Vertrag und Bausparkasse – zwischen 25 und 51 Monaten auf dem Konto ruhen (zu dem genannten mageren Zinssatz), ehe die Zuteilung erfolgt. Die Höhe des Guthabens und die Vertragsdauer werden in einer Bewertungszahl ausgedrückt. Stimmt die persönliche Bewertungszahl mit der Zielbewertungszahl überein, kann die Zuteilung des Darlehens erfolgen. Wer sich die beiden Zahlen von seiner Bausparkasse nennen läßt, kann also ungefähr abschätzen, wann er in den Genuß des Darlehens kommt.

In der Darlehensphase liegen die Schuldzinsen um zwei Prozent über den in der Sparphase angerechneten Guthabenzinsen. Je nach Tarif betragen sie also zwischen 4,5 und sechs Prozent. Außerdem wird in feste Monatsraten eine Tilgung eingerechnet, die je nach Vertrag monatlich vier bis zehn Promille der Darlehenssumme beträgt. Üblicherweise kann deshalb ein Bauspardarlehen innerhalb von sieben bis 15 Jahren zurückgezahlt sein.

Wenn wir vorhin von den Fallen beim Bausparen gesprochen haben, dann lauern die ersten schon beim Vertragsabschluß. Denn manche Berater der Bausparkassen verdienen diesen Titel nicht. Sie benehmen sich eher wie Vertreter, denen es nur auf die hohe Abschlußprovision für einen Vertrag anzukommen scheint.

Was immer Ihnen diese Menschen erzählen – wer den Vertrag nur vorsorglich abschließen will, befolge besser unsere

→ Bauspar-Grundregel Nummer 1:
 Eine niedrigere Vertragssumme ist immer vorteilhafter als eine zu hohe. Es ist besser, die Vertragssumme später anzuheben, als gleich eine hohe Summe abzuschließen.

Dem cleveren Vertreter fallen jetzt gleich viele Gegenreden ein – doch ehrlich betrachtet sprechen für unsere Empfehlung gleich mehrere Gründe:

* Je höher die Vertragssumme, desto länger muß auf die Zuteilung gewartet werden.
* Während dieser Wartezeit werden erhebliche Geldbeträge zu einem vergleichsweise schlechten Zinssatz festgelegt. Aus dem gleichen Grund sollten Bauspartarife gewählt werden, bei denen die Zuteilung nach Einzahlung von 40 Prozent der Vertragssumme erfolgen kann.
* Soll die Vertragssumme später gesenkt werden, um eine schnellere Zuteilung zu erreichen, wird die anfangs gezahlte Abschlußgebühr (liegt zwischen einem und 1,6 Prozent der Vertragssumme) auf die später gestrichene Vertragssumme nicht erstattet. Sie ist verloren.

Vorteilhafter ist immer die nachträgliche Erhöhung einer Vertragssumme, weil die Abschlußgebühr nur für den aufgestockten Betrag nachgezahlt werden muß. Die spätere Anhebung der Vertragssumme empfiehlt sich zum Beispiel, wenn ein konkretes Bauvorhaben einen größeren Finanzbedarf erkennen läßt oder ein zuteilungsreifer Vertrag noch nicht genutzt werden soll.

→ Bauspar-Grundregel Nummer 2:
 Wer's eilig hat, macht ein schlechtes Geschäft. Am lohnendsten ist die Finanzierung mit einem Bauspardarlehen dann, wenn es sich um einen Normaltarif handelt, planmäßig angespart wird und alle Prämien bzw. Zulagen ausgenutzt werden.

Natürlich wissen wir, daß den Vertreten auch hier wieder Gegenargumente einfallen. Die wollen schließlich auch ihre Super-Blitz-Tarife an den Mann oder die Frau bringen. Aber am sinnvollsten bleibt der möglichst frühzeitige Abschluß eines Bausparvertrages – am besten zum Eintritt ins Berufsleben.

Wegen des dann ohnehin noch nicht so hohen Verdienstes (maximal 27.000 Mark für Ledige und 54.000 Mark für Verheiratete) lassen sich praktisch alle mit einem Bausparvertrag zu erzielenden Vorteile ausschöpfen:

- Alleinstehende erhalten auf jährliche Einzahlungen von maximal 800 Mark (bei Verheirateten: 1.600 Mark) zehn Prozent Wohnungsbauprämie.

- Einzahlungen des Arbeitgebers auf den Bausparvertrag, also die sogenannten vermögenswirksamen Leistungen (maximal 936 Mark pro Arbeitnehmer), werden ebenfalls mit einer Prämie von zehn Prozent belohnt.

Bei einem Ehepaar, das innerhalb einer siebenjährigen Sparphase 11.200 Mark eigene Einzahlungen leistet, ist mit den vermögenswirksamen Leistungen der beiden Arbeitgeber, der Arbeitnehmer-Sparzulage und der Wohnungsbauprämie sowie den Zinsen schon im achten Jahr eine 40prozentige Ansparung (und normalerweise auch die Zuteilung) für einen Vertrag erreicht, aus dem dann 60.000 Mark finanziert werden können.

→ Bauspar-Grundregel Nummer 3:
   Bei der Zwischenfinanzierung eines Bausparvertrages verschenken Sie Vorteile.

Wenn das Bauvorhaben ansteht und der Bausparvertrag noch nicht zuteilungsreif ist, wird normalerweise eine Zwischen- oder Vorfinanzierung empfohlen. Geldinstitute machen das über die sogenannten Bankvorausdarlehen.

Aber:

- Eine solche Zwischenfinanzierung ist nur empfehlenswert, wenn die Zuteilung nicht länger als zwei Jahre auf sich warten läßt. Nun ist es den Vertretern zwar verboten, Aussagen über den genauen Zuteilungstermin zu machen. Anhand der erreichten und erforderlichen Bewertungszahl läßt sich das aber für einen Zeitraum von zwei Jahren etwa abschätzen. Wer über längere Zeiträume zwischenfinanziert, kommt wegen der im Vergleich zum Bauspardarlehen höheren Kreditzinsen und der gleichzeitig niedrigen Guthabenzinsen auf das noch nicht ausreichende Bausparguthaben nicht günstiger weg als bei einer ganz normalen Finanzierung über die Bank oder Sparkasse.

- Sind längere Zuteilungsfristen als zwei Jahre zu befürchten, können wir allenfalls zu einer aus zwei Schritten bestehenden Lösung raten: Einerseits sollte die Vertragssumme reduziert werden, um die Zuteilung zu beschleunigen, andererseits kann dann eine auf den neuen Zuteilungstermin und die neue Vertragssumme zugeschnittene Zwischenfinanzierung in Anspruch genommen werden.

Insgesamt kommen wir also immer wieder zu dem Ergebnis, daß ein frühzeitig abgeschlossener Bausparvertrag mit regelmäßiger Ansparung die geringsten Risiken beinhaltet. Und mit den folgenden zwei Musterrechnungen und den dazugehörigen Tabellen wollen wir Ihnen verdeutlichen, wie sich typische Bausparfinanzierungen in harter D-Mark ausdrücken.

1. Musterrechnung zur Bausparfinanzierung:
Eine Eigentumswohnung für 200.000 Mark

Im folgenden Beispiel wird davon ausgegangen, daß im Alter von 18 Jahren ein Bausparvertrag (in der folgenden Tabelle Nummer 1) über 50.000 Mark zu einem Langzeittarif abgeschlossen wird, der 12 Jahre lang durch eigene Einzahlungen, Wohnungsbauprämien und vermögenswirksame Leistungen des Arbeitgebers (Jahresleistung zusammen 1.800 Mark) aufgefüllt wird. Im Alter von 26 Jahren wird die Anschaffung einer Eigentumswohnung geplant, und der Ehepartner schließt einen weiteren Bausparvertrag (in der Tabelle Nummer 2) über 15.000 Mark zu einem Schnelltarif ab. Hierfür sind über vier Jahre monatliche Einzahlungen von 150 Mark erforderlich. Nebenbei können beide zusammen weitere 300 Mark im Monat sparen. Zum 30. Geburtstag bzw. 12 Jahre nach Abschluß des ersten Bausparvertrages wird eine Eigentumswohnung für 200.000 Mark gekauft. Sie wird mit einem Hypothekendarlehen über

110.000 Mark, den beiden Bauspardarlehen über zusammen 65.000 Mark und weiteren 25.000 Mark aus Ersparnissen finanziert (Konditionen siehe Tabelle).

Durch Steuervorteile, die bis zum 8. Jahr nach dem Kauf gewährt werden (Vertrag 2 ist dann zurückgezahlt), kann die Summe der tatsächlichen monatlichen Belastungen so weit sinken, daß sie selbst im ersten bis achten Jahr nur unwesentlich höher ausfallen als vor dem Erwerb. Außerdem müßte von einer kontinuierlichen Steigerung der vorher zu zahlenden Miete ausgegangen werden. Im Zeitraum zwischen dem 9. und 15. Jahr dürfte die Mietbelastung das Niveau der Finanzierungskosten erreichen. Bereits ab dem 16. Jahr (Vertrag 1 ist zurückgezahlt) wohnen die Eigentümer billiger, als sie es als Mieter gekonnt hätten. Nach dem 27. Jahr ist die Wohnung völlig entschuldet.

Zahlungen für	monatliche Belastung			
	kurz vor dem Kauf	im 1. bis 8. Jahr nach dem Kauf	im 9. bis 15. Jahr nach dem Kauf	im 16. bis 27. Jahr nach dem Kauf
Miete (ohne Nebenkosten)	800 DM	—	—	—
Bausparvertrag 1 (50.000 Mark) ❶	150 DM	220 DM	220 DM	—
Bausparvertrag 2 (15.000 Mark) ❷	150 DM	120 DM	—	—
Hypothekendarlehen (110.000 Mark) ❸	—	870 DM	870 DM	870 DM
monatliche Summe ohne Anrechnung von Steuervorteilen ❹	1.100 DM	1.210 DM ❹	1.090 DM	870 DM

Konditionen: ❶ 15 Jahre Monatsraten von 220 Mark für Zins und Tilgung; ❷ 7,5 Jahre Monatsraten von 120 Mark für Zins und Tilgung; ❸ Zinssatz 8,5 %, Anfangstilgung 1 %; ❹ bei durchschnittlichem Einkommen über § 10 e Einkommensteuergesetz in den ersten acht Jahren können zwischen 200 und 300 Mark monatlich abgezogen werden

2. Musterrechnung zur Bausparfinanzierung:
Ein Einfamilienhaus für 350.000 Mark

In unserem zweiten Beispiel gehen wir davon aus, daß im Alter von 18 Jahren ein Bausparvertrag (in der Tabelle Nummer 1) über 60.000 Mark zu einem Langzeittarif abgeschlossen wird, der 12 Jahre lang durch eigene Einzahlungen, Wohnungsbauprämien und vermögenswirksame Leistungen des Arbeitgebers (Jahresleistung zusammen knapp 2.200 Mark) aufgefüllt wird. Wieder stellt sich der Geistesblitz im Alter von 26 Jahren ein. Diesmal aber wird der Kauf eines Hauses geplant. Der Ehepartner schließt deshalb einen weiteren Bausparvertrag (in der Tabelle Nummer 2) über 50.000 Mark zum Schnelltarif ab. Hierfür sind über vier Jahre monatliche Einzahlungen von 500 Mark erforderlich. Und wie im ersten Beispiel wird nebenbei noch ein bißchen Eigenkapital zusammengetragen.

Wieder wird zum 30. Geburtstag bzw. 12 Jahre nach Abschluß des ersten Bausparvertrages gekauft – diesmal das Haus für 350.000 Mark. Finanziert wird diese Summe mit einem Hypothekendarlehen über 215.000 Mark, den beiden Bauspardarlehen über zusammen 110.000 Mark (Konditionen siehe Tabelle). Und wie schon im ersten Beispiel tun wir noch mal 25.000 Mark aus Ersparnissen oder von der Großeltern dazu.

Im zweiten Beispiel verläuft die Entschuldung ebenso wie in der ersten Musterrechnung. Die höhere Belastung innerhalb der ersten acht Jahre wird zum Teil durch höhere Steuervorteile aufgefangen. Als sicher kann angenommen werden, daß sich der Käufer ab dem 15. Jahr besser steht als ein Mieter. Denn er hat zwar noch 1.700 Mark Monatsbelastung zu tragen – aber in 15 Jahren dürfte nach den zu erwartenden Mietsteigerungen dafür kaum noch ein mit dem Einfamilienhaus vergleichbarer Wohnraum zu finden sein.

Zahlungen für	monatliche Belastung			
	kurz vor dem Kauf	im 1. bis 8. Jahr nach dem Kauf	im 9. bis 15. Jahr nach dem Kauf	im 16. bis 27. Jahr nach dem Kauf
Miete (ohne Nebenkosten)	1.000 DM	—	—	—
Bausparvertrag 1 (60.000 Mark) ❶	180 DM	260 DM	260 DM	—
Bausparvertrag 2 (50.000 Mark) ❷	500 DM	340 DM	—	—
Hypothekendarlehen (215.000 Mark) ❸	—	1.700 DM	1.700 DM	1.700 DM
monatliche Summe ohne Anrechnung von Steuervorteilen ❹	1.680 DM	2.300 DM ❹	1.960 DM	1.700 DM

Konditionen: ❶ 15 Jahre Monatsraten von 260 Mark für Zins und Tilgung; ❷ 7,5 Jahre Monatsraten von 340 Mark für Zins und Tilgung; ❸ Zinssatz 8,5 %, Anfangstilgung 1 %; ❹ bei durchschnittlichem Einkommen über § 10e Einkommensteuergesetz in den ersten acht Jahren können zwischen 350 und 500 Mark monatlich abgezogen werden

Jetzt kommt der Musterbrief
an die Geldinstitute:
So lässt man sich Finanzpläne aufstellen

Über viele Seiten hinweg haben wir Ihnen bisher erzählt, was bei den einzelnen Positionen unserer Finanzierung zu beachten ist. Und vielleicht haben Sie sich manchmal auch gefragt, warum wir Sie mit Dutzenden von Fachbegriffen und den dazugehörigen Erklärungen gequält haben. Aber es ging leider nicht anders. Denn einige davon werden Sie in dem folgenden Musterbrief wiederfinden, mit dem Sie bei den Geldinstituten um Finanzierungsangebote bitten können. Und die Begriffe, die Ihnen nicht in Ihrem eigenen Brief begegnen, treffen Sie spätestens dann wieder, wenn Ihnen die Banken Vorschläge schicken.

Jetzt haben wir immer von *den Geldinstituten* und *den Angeboten* gesprochen. Und das meinen wir auch so. Denn Sie dürfen uns jetzt nicht enttäuschen und einen Fehler machen, den viele Bauherren oder Käufer begehen: Nämlich nur mit der bisherigen Hausbank zu sprechen. Natürlich bekommt die auch einen Brief. Und den sollten Sie – man kennt sich schließlich – eventuell sogar persönlich bei Ihrem Kundenberater abgeben. Aber gleich mit dem Hinweis darauf, daß Sie sich natürlich auch nach anderen Angebote umschauen. Konkurrenz belebt das Geschäft – und für Sie geht es hier um Zigtausende von Mark, die zu sparen oder draufzuzahlen sind. Dafür lohnt sich der Aufwand mit ein paar zusätzlichen Briefen und für einige Briefmarken.

In dem Musterbrief taucht übrigens der Begriff Mischfinanzierung auf – denn unsere Pläne werden sich kaum mit einem einzigen Darlehen verwirklichen lassen. Die Mischung und Aufteilung von Darlehen, Vorausdarlehen, Bausparverträgen und den Einsatz von Versicherungen sollten Sie zunächst den Geldinstituten überlassen. Die können nämlich alles aus einer Hand anbieten, weil fast alle Banken sich mittlerweile eigene Versicherungen oder Bausparkassen und Hypothekeninstitute einverleibt haben, daran beteiligt sind oder zumindest geschäftlich gemeinsame Sache machen. Ein wahllos herausgegriffenes Beispiel: An der Leonberger Bausparkasse sind die Württembergische Lebensversicherung und die Commerzbank beteiligt, die Commerzbank wiederum ist fast alleinige Eigentümerin der Rheinischen Hypothekenbank (Rheinhyp), ebenso wie die Deutsche Hypothekenbank zur Dresdner Bank gehört oder von allen Volks- und Raiffeisenbanken Verträge der Bausparkasse Schwäbisch Hall empfohlen werden.

Also: Sie können sich viele Wege und viel Porto sparen, wenn Sie nicht sämtliche Bausparkassen, Versicherungen und Hypothekenbanken separat anschreiben, sondern sich aus Ihrem Branchentelefonbuch zehn bis 15 überregional und regional tätige Geldinstitute heraussuchen.

Geldinstitute, die nicht im Branchenbuch zumindest der nächsten größeren Stadt stehen, brauchen Sie gar nicht erst zu bemühen. Wer nicht in der Nähe mit einer Filiale vertreten ist, läßt sich auf Baufinanzierungen im für ihn unbekannten Niemandsland selten ein, es sei denn, Sie haben schon Kontakte zu dem betreffenden Geldinstitut.

Vergessen Sie auf keinen Fall die kleineren Sparkassen oder Volksbanken der Umgebung. Manchmal können auch die ganz interessante Angebote machen, weil sie zum Teil über erhebliche Einlagen aus niedrig verzinsten Sparbüchern verfügen, die günstig verliehen werden. Ihre eigene Lebensversicherung und Bausparkasse sollten Sie zusätzlich anschreiben. Bitten Sie darum, daß im Zusammenspiel mit den jeweiligen Partner-Geldinstituten komplette Finanzierungsangebote abgegeben werden.

Alles, was die Geldinstitute wissen müssen, geht aus dem Musterbrief hervor. Anhand der dort geschilderten persönlichen Finanzverhältnisse kann gerechnet und zusammengebastelt werden. Das ist übrigens der Grund, weshalb wir Ihnen hier keine „idealen" Kombinationen vorschlagen können. Ohne die jeweiligen finanziellen Verhältnisse zu kennen, wäre dies unseriös, oder wir müßten über 20 Millionen Vorschläge ausarbeiten – für jeden Haushalt einen.

Was von den Finanzierungs-Vorschlägen der Geldinstitute zu halten ist, wie man sie prüft, für welche man sich entscheiden sollte und wie man eventuell mischen kann, das verraten wir Ihnen im folgenden Kapitel. Zunächst aber kommt der Musterbrief. Unsere Anmerkungen (in Klammern) sollten Sie aber weglassen.

Sehr geehrte Damen und Herren,
wir beabsichtigen, zur Eigennutzung/als Geldanlage innerhalb eines Zeitrau-
mes von ... (Wochen oder Monate angeben) ein Einfamilienhaus/eine Eigen-
tumswohnung zu erwerben und möchten Sie um die Abgabe eines unverbindli-
chen Angebots zur Finanzierung bitten. Gern erwarten wir auch verschiedene
Vorschläge für unterschiedliche Mischfinanzierungen, bei denen (die nächsten
sieben Worte nach der Klammer nur, wenn Lebensversicherungen oder
Bausparverträge vorhanden sind) sowohl die vorhandenen Verträge – siehe
Vermögenslage – wie auch neu abzuschließende Versicherungsverträge
berücksichtigt werden sollten.
Bitte machen Sie uns bis zum ... (Frist vorgeben) Vorschläge für eine Misch-
kalkulation zur Finanzierung des insgesamt erforderlichen Fremdkapitals und
nennen Sie uns neben dem **Effektivzins** *jeweils auch die* **Ratenhöhe** *sowie die*
jeweilige **Restschuld** *nach Ablauf der Zinsfestschreibung. Unser Wunsch ist*
eine Zinsfestschreibung von mindestens ... (fünf bis zehn Jahre), um für diesen
Zeitraum einen genauen Finanzierungsverlauf überblicken zu können.
In der folgenden Aufstellung geben wir Ihnen Angaben zum Objekt und zu
unserer persönlichen wirtschaftlichen Situation:

Persönliche Angaben:
Ehemann (Name, Vorname) ....
Geburtsdatum ....
Beruf ....
Arbeitgeber ....
dort beschäftigt seit ....
Monatsgehalt (brutto) ....
Ehefrau (Name, Vorname) ....
Geburtsdatum ....
Beruf ....
Arbeitgeber ....
dort beschäftigt seit ....
Monatsgehalt (brutto) ....
Zahl der Kinder und deren Alter ....
steuerpflichtiges Jahreseinkommen (lt. Steuerbescheid) ....

Vermögenslage:

Immobilienbesitz (Wert, Unterlagen beifügen) ....

Belastung auf Immobilienbesitz (Hypotheken etc.) ....

Wertanlagen (z. B. in Sammlungen) ....

Wertpapiere ....

Sparguthaben (auf Sparbüchern) ....

andere Barmittel (z. B. auf Girokonten) ....

Lebensversicherung (Gesellschaft, Abschlußdatum, Höhe) ....

Bausparvertrag (Gesellschaft, Vertragssumme, Höhe des Bausparguthabens, Abschlußdatum) ....

monatliche Kreditverpflichtungen (in Mark) ....

davon entfallen auf vorhandenen Immobilienbesitz ....

monatliche Unterhaltszahlungen (an wen, in Mark) ....

Objektangaben (Unterlagen beifügen):

Beschreibung (Haus, Wohnung, Stockwerk) ....

Lage (Ort, Straße) ....

Grundstücksgröße (in Quadratmetern) ....

Wohn- bzw. Nutzfläche (in Quadratmetern) ....

Besonderheiten (z. B. ausbaufähiges Dachgeschoß) ....

Baujahr ....

Baufirma oder -träger (nur bei Neubauten) ....

Kaufpreis ....

Maklergebühren (üblich: 3 % des Kaufpreis
zzgl. 15 % Mehrwertsteuer) ....

Erwerbs-Nebenkosten (1,5 % der Kaufsumme für
Notar, Grundbuchamt) ....

Grunderwerbsteuer (2 % des Kaufpreises) ....

Zusatzkosten (z. B. für Kfz-Stellplatz, Umbauten) ....

erwartete Jahres-Kaltmiete (nicht bei Eigennutz) ....

Finanzierungs-Vorgaben:
Gesamtkosten des Objekts...
Eigenkapitaleinsatz ....
Wert der geplanten Eigenleistungen ....
Arbeitgeber- oder Verwandtendarlehen ....

Fremdkapitalbedarf...
gewünschtes Disagio ....
gewünschte Monatsrate ....
Zinsfestschreibung (in Jahren)...

Sollten Sie weitere Angaben benötigen, so setzen Sie sich bitte kurzfristig
auch telefonisch mit uns in Verbindung. Sie erreichen uns tagsüber unter ...
(Telefonnummer und Ansprechpartner/in).
Wir bedanken uns für Ihre Mühe und hoffen auf ein interessantes Angebot.
Mit freundlichem Gruß

Fischen Sie sich die besten Lösungen heraus: Wie man seinen persönlichen Finanzierungsplan mischt

Die Antworten auf unseren Brief werden hoffentlich möglichst viele mehrseitige Angebote der Geldhäuser sein. Wenn einige von denen uns gleich verschiedene Möglichkeiten der Finanzierung anbieten – um so besser. Um in dieser Papierflut nicht den Durchblick zu verlieren, sollten wir uns verschiedene Übersichten anlegen. Zu den Mustern dafür kommen wir gleich. Und ein bißchen Eile ist geboten: Die Angebote gelten meistens nur für einen Zeitraum von zwei bis vier Wochen – danach können wegen des veränderten Geldmarktes schon wieder neue Konditionen gelten. Deshalb macht es auch keinen Sinn, sich heute schon mal vorsorglich 20 Angebote schicken zu lassen, wenn man erst nächstes Jahr bauen oder kaufen will.

Wahrscheinlich werden sich mehrere Finanzierungsangebote in ähnlicher Form zusammensetzen aus
* Hypothek als Annuitätendarlehen (eventuell zwei)
* Darlehen von der Lebensversicherung
* Bauspardarlehen
* Bankvorausdarlehen (für ein noch nicht zugeteiltes Bauspardarlehen)

Wenn sich mehrere Finanzierungspläne aus mehr als vier Positionen zusammensetzen, ohne daß Sie schon zwei Versicherungs- oder Bausparverträge bei den Vermögensverhältnissen in Ihrem Musterbrief angegeben haben, sollten Sie skeptisch werden. Es könnte (muß aber nicht) ein Hinweis darauf sein, daß Ihre Finanzierung auf wackeligen Beinen steht und Ihre vorhandene Kapitaldecke zu dünn bzw. das Objekt für Ihre Verhältnisse zu teuer ist.

Das heißt aber nicht, daß Sie jetzt alle Pläne begraben sollten. Denken Sie mal an unsere Aussagen über die guten Immobiliengeschäfte und die

Steuergeschenke: Eventuell bietet es sich an, ein kleineres Objekt sicher zu finanzieren, acht Jahre alle Steuervorteile mitzunehmen, die Immobilie dann zu verkaufen und mit dieser neuen Kapitalbasis ein größeres Objekt anzuschaffen. Sie wissen doch: Ein Ehepaar darf zweimal das Finanzamt zur Kasse bitten.

Die Finanzierungspläne zeigen aber noch mehr. Sie werden nämlich feststellen, daß sich die Zusammensetzung in mehreren Fällen ähnelt. Daraus können Sie ein Grundgerüst für Ihren persönlichen Finanzplan ableiten.

Tragen Sie es nach einem Muster zusammen, das ungefähr so aussehen könnte:

Finanzplan-Grundgerüst für benötigtes Fremdkapital von 300.000 DM, Zinsbindung 5 Jahre					
Finanzierungs-Vorschlag von	Hypothek über	Baudarlehen über	Bauspar-Darlehen über	Bankvoraus-Darlehen über	Summe aller monatlichen Zahlungen nach diesem Plan ❶
Kreissparkasse Entenhausen	150.000 DM	40.000 DM	80.000 DM	30.000 DM	2.786 DM
Bankhaus Geiz & Co.	140.000 DM	50.000 DM	80.000 DM	30.000 DM	3.102 DM
Wucherbank	120.000 DM	60.000 DM	80.000 DM	40.000 DM	3.460 DM
Bankhaus Dagobert Duck	140.000 DM	60.000 DM	80.000 DM	20.000 DM	2.999 DM

❶ Das Bankvorausdarlehen besagt, daß ein zweiter Bausparvertrag angespart wird — vergessen Sie nicht die Raten dafür, ebenso für Arbeitgeber-, Verwandten- oder staatliche Darlehen zur Wohnungsförderung. Und bedenken Sie, daß Ihre echte Belastung sich um Steuervorteile verringert, aber Wohngeld (Haus-Nebenkosten) noch hinzukommt.

Natürlich könnte sich das Grundgerüst auch aus anderen Elementen zusammensetzen, aber dieses ist schon sehr wahrscheinlich. Und nun kommt, mit dem in unseren vielen Kapiteln über die Finanzierung erworbenen Wissen, die Einzelprüfung. Wir beginnen mit den Angeboten der Geldinstitute, bei denen die niedrigsten Monatsraten anfallen und prüfen, wie sich das erklärt. Schauen Sie bei deren Angeboten vor allem auf Disagio, Auszahlungskurs und Restschuld für die Darlehen und den Effektivzins. Vergleichbar sind nur Angebote mit identischer Zinsbindungsfrist. Wahrscheinlich werden nicht bei jedem Angebot alle benötigten Angaben enthalten sein. Dann sind Nachfragen bei den Geldhäusern erforderlich. Und lassen Sie sich bloß nicht erzählen, die gewünschten Angaben wären nicht zu machen. Wer sich ziert, hat garantiert etwas zu verbergen.

Bei der anschließenden Prüfung hilft eine Übersicht nach folgendem Muster:

Checkliste: Finanzierungsangebote für ... Jahre

(nur Angebote mit gleicher Zinsbindungsfrist vergleichen)

	Angebot von ...	Angebot von ...	Angebot von ...
Nominalschuld (in DM)			
Auszahlungsbetrag (in DM)			
Disagio (in DM)			
Nominalzins (in Prozent)			
Anfangstilgung (in Prozent)			
Monatsrate (in DM)			
Zwischensumme (in DM)			

	Angebot von ...	Angebot von ...	Angebot von ...
Übertrag (in DM)			
Restschuld zum Ablauf der Zinsbindung (in DM)			
Effektivzins (in Prozent)			
Gesamtbetrag aus Disagio und allen Raten (in DM)			
Zusatzkosten z. B. für Schätzungen (in DM)			
GESAMTKOSTEN für Kredit und Zusatzkosten (in DM)			

Mit dem eben angestellten Vergleich erfahren Sie, wessen Angebote zwar niedrige Raten bieten, aber wegen zu hoher Restschulden bzw. zu hoher Gesamtkosten ausscheiden. Das Feld der Angebote lichtet sich. Ebenso lassen sich Versicherungsdarlehen und Bausparverträge vergleichen. Und wenn am Ende feststeht, welche Einzelangebote die jeweils günstigsten sind, können Sie ans Mischen gehen. Von der einen Bank die erste Hypothek, von der zweiten noch ein Baudarlehen, von der einen Bausparkasse den ersten, von der anderen den zweiten Vertrag...
Das macht viel Arbeit. Und nicht immer gelten die anfangs genannten Konditionen auch, wenn man sich nur Scheibchen aus dem Komplettpaket herausschneidet. Deshalb entscheiden sich viele für das günstigste Komplettpaket eines Anbieters. Aber das bleibt ganz allein Ihnen überlassen.

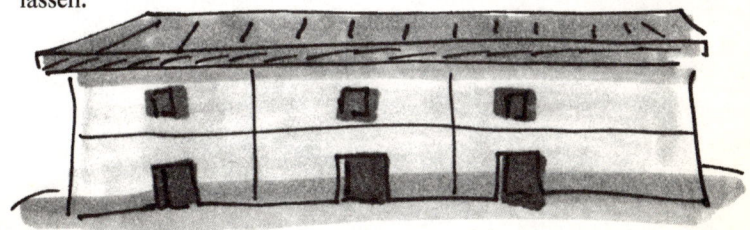

Gute Geschäfte mit Immobilienfonds: Auch wer wenig Geld hat, kann viel verdienen

• •

Es klingt so schön verrückt – deshalb wollen wir noch einmal eine Empfehlung vom Anfang des Buches wiederholen: Wer (noch) zuwenig Geld zum Bauen oder wer richtig viel Geld hat, aber schon mit Wohneigentum und Anlage-Immobilien versorgt ist, für den sind Immobilienfonds der richtige Tip. Da kann man mit jedem beliebigen Geldbetrag am Immobiliengeschäft teilnehmen. Nun glauben Sie aber bloß nicht, wir wollten Sie zu irgendwelchen abenteuerlichen Spekulationsgeschäften überreden. Denn zumindest die eine Form dieser Anlagen ist eine ganz seriöse und vom Bundesaufsichtsamt für das Kreditwesen kontrollierte Sache:

Offene Immobilienfonds:
Sie werden von Firmen aufgelegt, hinter denen meistens Banken oder Versicherungen stehen. Die Fondsgesellschaften kaufen Büro- oder Wohnhäuser und Grundstücke, Einkaufs- oder Freizeitzentren. Und zwar machen sie das mit dem Geld, das sie für den Verkauf ihrer Fondsanteile von den Anlegern bekommen. Solche Anteile gibt es – je nach Fonds – schon zu Preisen unter 100 Mark. Kaufen kann man sie bei jeder Bank oder Sparkasse. Und schon mit einem einzigen Fondsanteil ist man dann quasi Miteigentümer des gesamten Immobilienvermögens. Auch wenn einem pro Anteilschein nur ein paar Mauersteine oder Klingelknöpfe gehören.

Die Fondsmanager haben nun die Aufgabe, das Geld der Anteilseigner möglichst gewinnbringend in Immobilien anzulegen. Wenn sie dabei geschickt sind, die Immobilienpreise steigen, Häuser zu guten Preisen weiterverkauft oder die Mieten erhöht werden können, steigert sich auch das Fondsvermögen – und damit der Wert eines jeden Anteils. Am Immobilienboom kann man also auf diese Weise schon mit sehr geringem Einsatz verdienen.

Und dieser Verdienst kann sich sehen lassen. Bei einigen der Immobilienfonds ist der Wert eines Anteils innerhalb der letzten 20 Jahre um über 300 Prozent gestiegen. Bei anderen immerhin noch um knapp über 200 Prozent. Einige der Gesellschaften und deren Manager verstehen ihr Geschäft eben besser als andere (die noch folgende Tabelle zeigt's im Überblick).

Der Anleger verdient aber nicht nur an der Wertsteigerung seines Anteilscheines, sondern er bekommt außerdem jedes Jahr eine vom Geschäftsverlauf abhängige Gewinnausschüttung. Und von der ist – im Gegensatz zu den Zinsen, die man z.B. für Sparbriefe kassiert – immer ein Teil (etwa die Hälfte) steuerfrei.

Ebenso, wie man sich solche Fondsanteile jederzeit kaufen kann, sind sie auch jederzeit wieder zu verkaufen. Allerdings liegt dieser Rücknahmepreis immer etwas niedriger als der Ausgabepreis des Anteils. Je nach Gesellschaft (die wollen ja auch was verdienen) werden nämlich bei der Ausgabe des Anteils zwischen 5 und 5,5 Prozent des Anteilwertes als Ausgabeaufschlag berechnet. Wer seinen Anteil am selben Tag kauft und wieder verkauft, hat also immer automatisch einen Verlust zu tragen. Aber so etwas wäre natürlich Unsinn – mindestens fünf, besser zehn Jahre sollte man sich Zeit lassen. Dann sind die offenen Immobilienfonds (bei richtiger Auswahl, siehe Tabelle) echte Geldbringer, aber trotzdem sicher und bequem.

Unser Tip bei niedrigem Einkommen:
Zum Aufbau von Eigenkapital und wegen des Anspruchs auf billige Darlehen sollte ein Bausparvertrag (siehe unsere Hinweise ab Seite 161) abgeschlossen und nebenbei in Immobilienfonds investiert werden. Über Banken und Sparkassen bieten Fonds die Möglichkeit, Aufbaukonten zu führen und regelmäßig jeden Monat z.B. 50 oder 100 Mark einzuzahlen. Dafür wird man dann Eigentümer des entsprechenden Gegenwerts von Anteilen.

So haben sich Geldanlagen in offenen Immobilienfonds in der Vergangenheit entwickelt:

Fonds	Depotbank	Fonds-Auflegung	Wertentwicklung ❶			
			in 1 Jahr	in 5 Jahren	in 10 Jahren	in 20 Jahren
A.G.I.-Fonds Nr.1 Allgemeine Grundbesitz-Investment-GmbH	Deutsche Bau- und Bodenbank	1971	5,0 %	33,1 %	76,8 %	244,9 %
DespaFonds Deutsche Spar-kassen-Immobilien-Anlage-Gesell-schaft mbH	Deutsche Girozentrale — Deutsche Kommunal-bank	1967	11,2 %	45,5 %	101,9 %	260,4 %
DIFA-Fonds Nr.1 Deutsche Immobilien-fonds AG	DG Bank Deutsche Genossen-schaftsbank	1966	10,1 %	43,4 %	94,6 %	251,5 %
grundbesitz-invest Deutsche Grund-besitz-Invest-mentges. mbH	Deutsche Bank AG	1970	9,2 %	44,5 %	97,8 %	291,7 %
Grundwert-Fonds 1 Deutsche Ges. für Immobilien-fonds mbH	Dresdner Bank AG	1972	9,5 %	47,2 %	104,2 %	333,6 %
Haus-Invest Deutsche Grund-besitz-Invest-mentgesell-schaft mbH	Commerz-bank AG	1972	10,3 %	43,2 %	95,7 %	294,6 %
iii-Fonds Nr. 1 Internationales Immobilien-Institut AG	Bayerische Hypotheken-u. Wechsel-Bank AG	1959	9,9 %	45,1 %	92,7 %	221,9 %
iii-Fonds Nr. 2 Internationales Immobilien-Institut AG	Bayerische Vereinsbank	1965	9,5 %	44,6 %	92,2 %	204,1 %

❶ Jahresangaben bezogen auf den 31.12.1992, ausgehend jeweils vom 31.12.1991, vom 31.12.1987, vom 31.12.1982 bzw. vom 31.12.1972. Berechnungsmethode des Bundesverbandes deutscher Investmentgesellschaften e.V. — Wiederanlage der jährlichen Ausschüttungen zum jeweiligen Anteilwert

Geschlossene Immobilienfonds:

Im Gegensatz zu den offenen Fonds, zu deren Grundvermögen manchmal über 100 Objekte gehören (Anteilseigner bekommen darüber genaue Aufstellungen, ebenso zu den Werten der Objekte und zu deren Nutzung), werden die geschlossenen Fonds meist nur für eine einzige Immobilie aufgelegt. Schon deshalb kann mit dieser Anlage ein größeres Risiko verbunden sein. Wehe, wenn da die Rechnung der Baukosten und Mieten nicht aufgeht. Es gibt auch keinen Wächter über diese Anlagen – denn das Bundesaufsichtsamt für das Kreditwesen ist nicht zuständig.

Schon wegen des Risikos sollten Normalverdiener ihre Finger von diesen Fonds lassen. Wer aber als Besserverdiener an den richtigen Fond gerät, kann hervorragende Geschäfte machen. Denn ab 100.000 Mark Jahreseinkommen winken bei Ledigen interessante Steuergewinne – wenn alle Rechnungen aufgehen.

Noch aus einem anderen Grund ist das hohe Einkommen erforderlich: Die Fondsanteile werden nur in großen Stücken (z. B. ab 50.000 Mark) angeboten. Und das funktioniert im Prinzip so: Irgend jemand beschließt, man sollte mal wieder ein Büro- oder Wohnhaus, ein Einkaufszentrum oder einen Supermarkt, ein Freizeitzentrum oder eine Sportanlage bauen. Deshalb gründet er eine Gesellschaft, verkauft Anteile davon an die Geldanleger und hat jetzt schon sein Geschäft gemacht – im Gegensatz zum Anleger. Der wird nun praktisch Miteigentümer und kann deshalb – auf die Höhe seines Anteils berechnet – alle Steuervorteile so geltend machen, als wäre er Alleineigentümer.

Aber das ist er ja nun mal nicht – er ist auf die Entscheidungen und Versprechungen anderer angewiesen. Und da wird zum Teil gelogen, daß sich die Baugerüste biegen. Von astronomischen Mieteinnahmen bis zu unglaublichen Steuergeschenken – manche Verkäufer schrecken noch nicht mal vor dem Versprechen zurück, man bekäme vom Finanzamt mehr zurück, als man investiert. Vor allem bei geschlossenen Immobilienfonds in den neuen Bundesländern ist Vorsicht geboten. Die kalkulierten Mieten sind oft ohne Blick auf die wirtschaftliche Entwicklung festgelegt worden.

Unser Tip bei höherem Einkommen:

Lassen Sie sich nur mit solchen Partnern ein, die Referenzen vorweisen können und über Jahre hinweg erfolgreich geschlossene Fonds aufgelegt haben. Lassen Sie Ihren Steuerberater die vorgelegten Kalkulationen überprüfen – und achten Sie nicht nur auf die zu sparende Steuer. Das Objekt muß sich insgesamt „rechnen", erwartete Mieteinnahmen und Baukosten müssen in einem vernünftigen Verhältnis stehen. Die Verträge daraufhin überprüfen lassen, ob Sie wirklich nur mit der Höhe Ihrer Einlage haften. Alles andere könnte finanzieller Selbstmord sein. Bei begrenzter Haftung sind (das sagen die Musterrechnungen meistens nicht) aber auch Verluste nur bis zur Höhe der Einlage steuerwirksam anzubringen.

REGISTER